QUE SAIS-JE ?

Le budget de l'Etat

JEAN-MARIE COTTERET

CLAUDE EMERI

Professeurs à l'Université de Paris I
(Panthéon-Sorbonne)

Sixième édition mise à jour

60e mille

DES MÊMES AUTEURS

CHEZ LE MÊME ÉDITEUR...

Giscard d'Estaing/Mitterrand. 54 774 mots pour convaincre, en collaboration avec Jacques GERSTLÉ et René MOREAU, 1976.

... DANS LA MÊME COLLECTION

Les systèmes électoraux, 5e éd., 1988, n° 1382 (traductions espagnole, italienne, portugaise, turque).

CHEZ D'AUTRES ÉDITEURS

Lois électorales et inégalités de représentation en France (1936-1960), en collaboration avec Pierre LALUMIÈRE, Introduction de Maurice DUVERGER (Cahiers de la Fondation nationale des Sciences politiques, n° 107), Armand Colin, 1960.

Dictionnaire de politique : le présent en question (en collaboration), Larousse, 1979.

ISBN 2 13 043480 0

Dépôt légal — 1re édition : 1972
6e édition mise à jour : 1990, décembre

INTRODUCTION

Lorsque, pour faire pression sur les gouvernants, les petits commerçants décident la grève de l'impôt ou de retirer leurs fonds des centres de chèques postaux, ils démontrent par là que l'Etat ne se définit pas seulement par la souveraineté qu'il détient et la contrainte qu'il exerce sur les gouvernés. En fait, l'expérience montre que l'autorité de l'Etat dépend très largement des ressources dont il dispose. « Selon que vous serez puissant ou misérable... », cet adage s'applique avec autant de force à la puissance publique et aux personnes privées : les révolutions trouvent souvent leur origine immédiate dans la banqueroute du souverain ; les revendications salariales des militaires et des policiers retiennent plus précisément l'attention des gouvernants que celles des gardiens de musée.

De ce point de vue, déjà, on comprend l'importance fondamentale de la connaissance du budget de l'Etat : *il exprime l'action de la puissance publique sous son aspect financier, il donne une traduction chiffrée de toutes les activités de l'Etat.* On peut d'ailleurs considérer que les finances publiques sont un remarquable indicateur de son emprise : la croissance de leur évolution montre l'accroissement de ses attributions ; la répartition des dépenses entre les différents secteurs d'activité traduit des choix politiques qui peuvent exprimer des conceptions très divergentes du bien commun. Le budget d'un Etat libéral n'a ni le même volume, ni le même contenu que celui d'un Etat socialiste. De même, il est évident que la distinction juridique classique entre les Etats unitaires et les Etats fédéraux trouve une excellente illustration de sa réalité et de ses limites dans l'analyse de l'évolution comparée des budgets des organes fédéraux et des collectivités fédérées :

Aux Etats-Unis, on a pu constater qu'aux origines le budget fédéral ne représentait qu'une très petite partie du revenu national ; plus importants étaient les budgets des Etats fédérés, pour des raisons évidentes : à eux incombaient les charges relatives à l'éducation, à la justice, à la police, etc. La montée du pouvoir fédéral, et plus précisément du pouvoir présidentiel, est apparue à partir de la guerre de Sécession, pour devenir aveuglante de nos jours : le montant des dépenses fédérales était de 20 millions de dollars en 1830 ; en 1965, il était de 127 milliards de dollars et, depuis cette époque, a augmenté à une cadence vertigineuse (232 % d'augmentation entre 1961 et 1975) ; le seuil symbolique des mille milliards de dollars a été franchi en 1989 et le budget fédéral représente désormais près de 23 % du PNB. Près des deux tiers des prélèvements obligatoires effectués sur les citoyens tombent dans les caisses de la Fédération ; un tel pourcentage montre à l'évidence une profonde mutation de l'équilibre constitutionnel ; il incite aussi, à partir d'une analyse financière, à se montrer réservé face aux classifications juridiques.

Il en est de même quand on aborde le problème de la décentralisation au sein d'un Etat unitaire.

En France, il était de bon ton, jusqu'à une date récente, de disserter sur le rôle fondamental des collectivités locales dans la vie politique ; ce point de vue était démenti par une étude comparée des prélèvements effectués au profit de l'Etat et au profit de ces collectivités : la part des secondes était souvent dérisoire. Aujourd'hui, il n'en est plus ainsi : sous l'influence des lois de décentralisation intervenues depuis quelques années, le budget d'ensemble des collectivités territoriales a augmenté de 80 % entre 1970 et 1986 alors que pendant la même période le PIB n'augmentait que de 50 %. Au total il représente désormais plus de la moitié du montant du budget de l'Etat.

I. — Budget et économie

Connaître le budget de l'Etat, c'est donc augmenter les chances d'en comprendre la nature et la structure ; mais c'est aussi un angle d'approche de la société étatique, car le budget est en étroite relation avec l'économie des Etats contemporains. Il est, en effet, possible de déterminer le budget par rapport à l'économie nationale — ce qui a donné naissance à la fausse querelle entre les finances classiques et les finances modernes : il n'existe pas, en fait, de prétendues règles classiques régissant les finances de l'Etat qu'il serait possible d'opposer à de nouvelles règles budgétaires ; mais, à une période historique et libérale des finances publiques, qui a vu l'institutionnalisation du budget de l'Etat, a succédé, à la suite de bouleversements économiques et sociaux, l'ère contemporaine de l'Etat interventionniste et/ou social, marquée par une adaptation de ces règles menée dans un cadre routinier, sans autre résultat, alors, que de dresser des obstacles ou des freins à une saine gestion des finances publiques.

Dans la conception classique, le budget de l'Etat épouse l'idéologie libérale, c'est-à-dire qu'il est neutre par rapport à l'économie ; en effet, la société libérale se caractérise par le principe d'abstention de la puissance publique dans la vie sociale, en dehors des domaines où son intervention est indispensable à la garantie de l'ordre social : police, défense, justice. Jamais le budget de l'Etat ne dépasse 10 % du revenu national ; pourtant, quand, sous la Restauration, le baron Louis présente son budget, il prophétise : « Saluez ce milliard, Messieurs, vous ne le verrez plus ! » En effet, on constate que tous les budgets postérieurs dépasseront, et très largement, ce plafond symbolique. Alors même que l'idée dominante était celle d'une neutralité totale du budget de l'Etat par rapport à l'économie nationale, que l'on pouvait mesurer grâce à deux repères : le poids des finances publiques sur l'économie, c'est-à-dire le volume budgétaire, et le vide qu'elles créent ou qu'elles comblent, c'est-à-dire leur solde. Le budget de l'Etat doit alors être aussi réduit qu'il est possible et n'intervenir sur l'économie d'aucune façon, directe ou indirecte. Cette exiguïté implique un ensemble de règles qui se distinguent mais qui s'inspirent en même temps de celles des budgets des particuliers : dans un cas comme dans l'autre, on vise l'équilibre.

Cet équilibre comptable est d'autant plus facile à réaliser que la source essentielle des recettes réside dans l'impôt ; les financiers classiques résistent à la tentation de l'emprunt, considéré comme inutile, compte tenu de l'absence d'investissements publics et d'une stabilité monétaire qui répercute son poids sur les générations futures.

Le passage de l'Etat-gendarme à l'Etat-providence aurait pu renverser complètement l'édifice théorique précédent. Il n'en a rien été, puisque les règles dites « classiques » de l'équilibre budgétaire ont été le plus souvent conservées, bien qu'aménagées. Mais, si l'on observe l'évolution des budgets dans tous les Etats, quelle que soit leur nature, néolibérale ou socialiste, industrialisée ou sous-développée, on constate un accroissement continu des dépenses publiques, qui a pu être érigé en loi sociologique par l'économiste allemand Wagner dès 1892.

Depuis la fin de la première guerre mondiale, cet accroissement s'est poursuivi, amplifié, mais s'est doublé d'une transformation qualitative des budgets nationaux. En effet, l'Etat-providence, même s'il conserve un vêtement libéral, agit par l'intermédiaire du budget dans le cadre d'une économie concertée ; l'Etat socialiste intègre le dirigisme économique dans les procédures budgétaires ; l'Etat en voie de développement

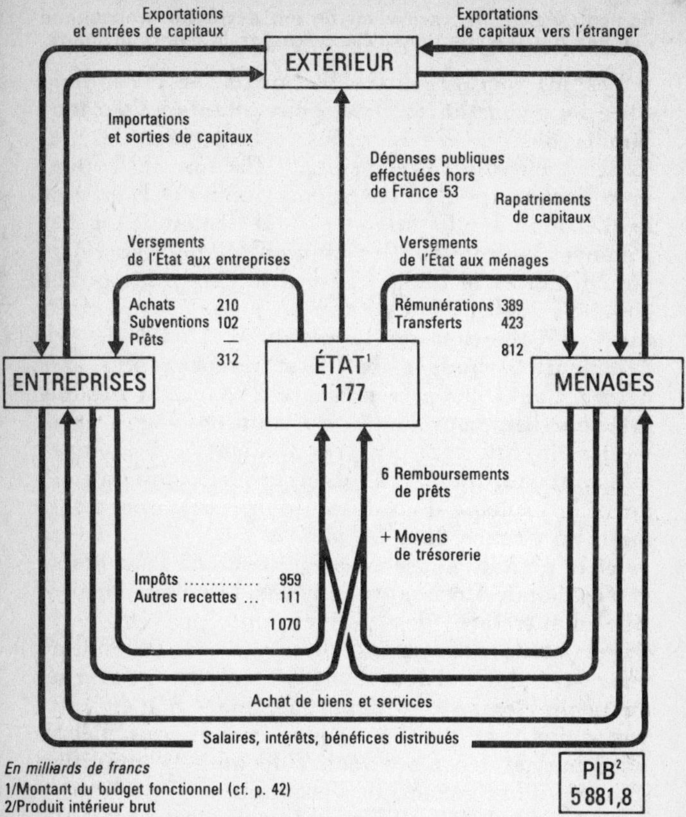

Fig. 1. — Le budget de 1989
et les comptes de la nation (1)
(en milliards de francs)

Source : Service de l'Information du ministère de l'Economie, des Finances et du Budget, *Les Notes bleues*, nº 426, 6-12 mars 1989, p. 53.

ne peut dégager les conditions de son décollage économique que par des interventions effectuées par la voie budgétaire.

Les interactions entre le budget et l'économie sont donc constantes et les gouvernants ne perdent jamais de vue ces relations, telles que celles qui existent entre les prélèvements fiscaux et le pouvoir d'achat, les investissements publics et la relance de l'économie ; le ministre de l'Economie et des Finances spécule sur les manipulations monétaires pour financer le budget, il utilise l'emprunt public comme ressource budgétaire en jouant sur la constante dévaluation de la monnaie. Dès lors, évidemment, le budget de l'Etat ne peut plus être neutre : en 1986, il représente 21,7 % du produit intérieur brut marchand ; du coup, les règles autonomes qui lui sont propres tendent à s'estomper ou, tout au moins, à changer de signification ; ainsi, le principe d'équilibre budgétaire, remis à la mode en France dans les années soixante pour rappeler la période heureuse où la monnaie était stable et l'économie florissante, n'a plus la valeur impérative d'autrefois ; les gouvernants peuvent s'appuyer politiquement sur le mythe de l'équilibre pour stimuler l'ardeur contributive des gouvernés en même temps que l'épargne, mais il n'en reste pas moins vrai que, sur le plan économique, l'équilibre budgétaire n'est réalisable qu'à la condition d'un équilibre général de l'économie.

Ce mythe de l'équilibre budgétaire reste extrêmement vivace dans les sociétés libérales. Il sert de levier — d'un maniement assez aisé — aux gouvernants qui l'utilisent alors parfois sans nuance, de manière à convaincre une classe politique qui y demeure très sensible ; à cet instant, la notion perd toute signification technique, mais acquiert une fonction politique.

II. — Budget et politique

Il est traditionnel de lier le budget de l'Etat à ses institutions politiques ; certaines d'entre elles, comme les assemblées parlementaires, sont d'ailleurs nées de problèmes budgétaires.

En effet, si l'on se réfère à l'exemple britannique, sans remonter à la Grande Charte de 1215, octroyée par Jean sans Terre et qui est une ébauche de consentement du peuple à l'impôt, dès 1628, la Pétition des Droits a posé le principe de l'autorisation parlementaire pour l'établissement et la perception de toute nouvelle taxe par le roi. L'idée est simple : ceux qui donnent leur argent entendent être consultés avant de contribuer à une charge quelconque ; si tous les citoyens ne peuvent donner individuellement leur avis, ce sont leurs représentants réunis au Parlement qui y procèdent. Le rôle essentiel des premières assemblées parlementaires était alors d'ordre budgétaire, et un roi, en Grande-Bretagne, a été décapité pour l'avoir oublié. En 1688, le Bill des Droits parachève cette évolution en renforçant les prérogatives des représentants des citoyens face à l'autorité dépensière : le roi.

Tout au long du XVIIIe et du XIXe siècles, les parlementaires britanniques ont poursuivi leur avantage ; non contents d'accorder les crédits, ils se sont réservé le droit de contrôler l'usage qui en est fait, à savoir les dépenses. *A l'autorisation de percevoir les impôts s'est ainsi ajouté son corollaire, le contrôle des dépenses publiques.*

Avec un petit siècle de retard, la France a connu la même évolution. La Révolution de 1789 avait arraché le principe inscrit dans la Déclaration des Droits de l'Homme et du Citoyen : « Tous les citoyens ont le droit de constater eux-mêmes, ou par leurs représentants, la nécessité de la contribution publique, de la consentir librement, d'en suivre l'emploi et d'en déterminer la quotité, l'assiette, le recouvrement et la durée. » Mais il fallut attendre la Restauration et la Monarchie de Juillet pour mettre, effectivement, ce bel idéal en application.

Ainsi, l'autorisation budgétaire devient le monopole des Parlements, elle est un savant dosage entre la saine gestion des affaires publiques, la technique comptable, et le contrôle politique de l'Exécutif (on comprend alors que la doctrine ait eu du mal à en donner une définition synthétique). Très vite, en effet, du simple contrôle des deniers publics, les Parlements ont fait un efficace moyen de contrôle politique de l'activité gouvernementale. Nombre d'exécutifs parlementaires ont été paralysés, voire renversés parce qu'ils avaient négligé la présentation du budget ou mal engagé le débat budgétaire.

Mais cette prérogative d'un parlementarisme flamboyant a rapidement suivi la courbe descendante de la souveraineté parlementaire. A l'heure actuelle, on se trouve dans une situation paradoxale : le Parlement revendique de plus en plus de prérogatives en matière budgétaire, mais il est incapable de traduire sa volonté en décisions positives ; en effet, tant par son volume que par les problèmes de répartition qu'il implique, le budget de l'Etat est présenté aux Assemblées comme une structure complexe et globale dont il est à peu près impossible de modifier un des éléments. Condamnés « à prendre ou à laisser », les parlementaires peuvent avoir le sentiment qu'ils sont dépossédés de leur droit fondamental d'initiative.

En réalité, si l'on reste dans le cadre d'institutions purement représentatives, il ne fait pas de doute que les Assemblées ne sont plus guère que des chambres d'enregistrement — ou, à la rigueur, de mégotage — en matière financière. En France, après plusieurs semaines de discussion, moins du millième du montant du projet de budget est remis en cause par le Parlement. Il reste, toutefois, que la discussion budgétaire est un des moments privilégiés de la communication entre les gouvernants et les gouvernés. Ce sont ces derniers, en définitive, qui restent les détenteurs ultimes mais inexpérimentés du pouvoir budgétaire : à l'occasion d'élections législatives ou présidentielles, ils décident de reconduire ou non l'équipe gouvernementale et sanctionnent, ce faisant, la politique qui a été suivie dont la traduction budgétaire constitue une pièce essentielle : on a pu le constater, entre 1979 et 1981, successivement en Grande-Bretagne, aux Etats-Unis et en France à l'occasion d' « élections-sanctions » qui se sont résumées en désaveux de la politique économique de l'équipe sortante.

Dès lors, les Parlements sont actuellement contraints de considérer leur intervention en matière budgétaire dans des conditions politiques nouvelles qui remettent en cause les pratiques qu'ils avaient établies et que la doctrine avait érigées en principes généraux : l'annualité budgétaire est transgressée, l'universalité budgétaire est violée, l'unité budgétaire est abandonnée. Les conditions mêmes de préparation du budget se modifient : l'empirisme bureaucratique entre en conflit avec la rationalisation des choix et des masses budgétaires ; à la présentation ésotérique des documents s'oppose la préférence pour une information claire et précise, accessible à tous. L'exécution du budget fait apparaître des dysfonctions stériles et paralysantes ; le contrôle budgétaire apparaît comme inopérant sous sa forme traditionnelle et ne trouve pas toujours les mécanismes qui lui permettent de concilier l'efficacité et la liberté laissée aux autorités chargées de l'exécution.

C'est dire que le budget de l'Etat se trouve dans une phase de transition, entre une conception libérale et démocratique qui lui a donné sa signification symbolique et un devenir fonctionnel mais incertain, qui implique de la part des gouvernants et des gouvernés un effort d'imagination et de réflexion.

Chapitre Premier

LA PRÉPARATION DU BUDGET

La préparation du budget de l'Etat est liée à la prévision ; mais le sens de cette préparation a totalement évolué et se marque par la prépondérance actuelle du pouvoir gouvernemental. Au XIXe siècle, cette opération ne pouvait se comprendre qu'à travers la notion d'autorisation ; le Parlement, après avoir arraché le droit de consentir l'impôt, a obtenu ensuite celui de contrôler les dépenses ; mais il ne pouvait donner, au jour le jour, son autorisation d'effectuer des dépenses et de prélever les recettes. Ainsi naquit l'idée de faire établir chaque année par le Gouvernement un état prévisionnel des unes et des autres ; la prévision budgétaire n'avait alors d'autre objet que de permettre au Parlement d'exercer utilement ses compétences en matière d'autorisation. Mais deux facteurs sont ensuite intervenus : la prévision ne se limite plus, de nos jours, à « l'inventaire des besoins en argent des services de l'Etat », mais elle s'insère dans le cadre économique national ; le second facteur, lié au premier, est la croissance exubérante et contemporaine des compétences et de l'appareil gouvernemental qui agit, face au Parlement confiné dans une fonction de contrôle ; la technicité du budget a grandement facilité l'apparition de ces nouvelles données.

Aussi bien, est-ce actuellement au Gouvernement qu'incombe la responsabilité exclusive de la préparation du budget. Pour ce faire, il s'appuie évidemment sur l'appareil administratif. L'exemple des Etats-Unis est caractéristique de cette tendance : jusqu'en 1921, les Commissions du Congrès participaient effectivement à la préparation du budget fédéral, sur la base de renseignements fournis par le secrétaire au Trésor ; depuis l'*Act* de 1921, le Président s'est vu confier cette mission, assisté par l'*Office of Management and Budget*.

Un mot peut résumer cette phase budgétaire : la routine. Les ministères doivent, chaque année, établir un état de leurs dépenses futures, et ne peuvent le réaliser qu'en s'appuyant sur les éléments de l'année écoulée, corrigés éventuellement par quelques modifications destinées à donner une apparence de sérieux à une technique sommaire. Cependant, on constate que la préparation du budget tend à évoluer ; de plus en plus, au lieu de s'appuyer sur le passé, les organes responsables de cette tâche se tournent vers l'avenir et évaluent certains objectifs à atteindre. Certes, on ne peut négliger le passé, qui est connu, mais il faut aussi tenir compte de ce que l'on veut réaliser dans un futur, même probable.

La préparation administrative du budget s'appuie alors sur des données certaines ; mais la préparation économique permet actuellement une prévision sérieuse en attendant que de nouvelles techniques — comme la rationalisation des choix budgétaires — donnent les moyens d'effectuer une synthèse prévisionnelle.

I. — La préparation administrative du budget

Chaque département ministériel se trouve confronté à deux paramètres : le premier est celui des choix politiques du Gouvernement, qui imposent des directives et des limites à l'action des ministres dépensiers ; la liberté de ces derniers est extrêmement réduite. Le second paramètre est d'ordre technique : la fixation des recettes, mais surtout des dépenses, est globale, par grandes masses de crédits et/ou détaillée, au niveau de l'utilisation concrète des crédits.

1. La préparation du budget des dépenses. — La routine administrative s'accommode aisément d'une distinction classique entre les « services votés » — reconduction des moyens prévus au budget précédent — et les « autorisations nouvelles ».

A) *Les services votés.* — Plusieurs acteurs sont ici en présence : d'un côté, le ministre et le service financier du ministère dépensier ; de l'autre, le ministère de l'Economie et des Finances dont dépend la Direction du Budget (1) et le Gouvernement. En effet, dès que les premiers résultats de l'exécution du budget écoulé sont connus, le ministre des Finances, avec l'aide de ses services, propose des orientations pour l'année future au Gouvernement, qui arrête les hypothèses de croissance sur lesquelles il décide de calculer la reconduction du budget voté. Les ministres sont alors appelés, par une « lettre de cadrage », à adresser à la Direction du Budget les éléments de calcul des crédits nécessaires à la reconduction des moyens prévus au budget précédent (crédits votés + mesures acquises traditionnelles + mesures nouvelles strictement indispensables à une reconduction des moyens accordés).

En règle générale, tout se passe assez bien pour cet ensemble de dépenses jugées incompressibles et connues sous le nom de « services votés ». Il s'agit,

(1) L'article 37 de l'ordonnance du 2 janvier 1959 précise le rôle prépondérant du ministre des Finances : « Sous l'autorité du Premier ministre, le ministre des Finances prépare les projets de lois de finances qui sont arrêtés en Conseil des ministres. » Pour autant, le Premier ministre, dans la répartition des compétences ministérielles, donc des portefeuilles, reste libre de concentrer ou de diviser en une seule ou plusieurs mains ; que la « citadelle de la rue de Rivoli » — aujourd'hui, « du quai de Bercy » — soit ou non partagée entre plusieurs *ministres* ne change rien à l'unité fondamentale du *ministère*.

en quelque sorte, de reconduire des dépenses déjà acquises et qui évoluent peu. Ainsi, les services publics pourront fonctionner dans les conditions déjà approuvées l'année précédente par le Parlement. Ces services votés représentent toujours plus de 90 % de l'ensemble du budget.

L'évaluation de la masse des crédits qui constituent les services votés ne présente aucune difficulté, mais elle entraîne d'assez sévères critiques. Ne risque-t-on pas, en effet, d'assister à une « cristallisation » des services publics à leur niveau antérieur ? L'inertie administrative ne peut-elle pas se donner libre cours ? Certes, la reconduction des crédits de l'année antérieure peut s'accompagner d'une révision limitée en plus ou en moins, mais ne donne jamais lieu à une rénovation des structures.

Techniquement, les services votés constituent un procédé commode et indispensable de nos jours, compte tenu de l'importance des crédits accordés à chaque ministère et des délais très courts imposés par le cadre budgétaire annuel. Mais, en contrepartie, toute initiative en matière d'investissements publics risque d'être étouffée.

C'est pourquoi, depuis 1977, une plus grande liberté est accordée aux ministres dépensiers, dans le cadre du « budget de reconduction » ; ils sont libres du choix des priorités qu'ils décident d'assigner à l'action de leur administration et peuvent, le cas échéant, proposer les réaménagements de dotations nécessaires pour y parvenir (à condition, bien sûr, que des dépenses nouvelles soient compensées par des économies).

En définitive, partir de ce qui existe et procéder par différence pour évaluer les dépenses constitue une méthode rationnelle dans une perspective administrative. Il n'en va pas de même pour les autorisations nouvelles qui, lorsqu'elles sont menacées d'une réduction quantitative, font l'objet d'âpres discussions.

B) *Les autorisations nouvelles*. — Les acteurs sont les mêmes, mais les ministres dépensiers doivent littéralement arracher de nouveaux crédits au Gouvernement, en vue de satisfaire les groupes de pression que constituent leurs services. En effet, il ne s'agit plus de dépenses acquises, mais d'une « part supplémentaire de gâteau » qui doit être répartie entre de nombreux convives.

Jusqu'à une époque récente, ce partage était effectué au terme de négociations bilatérales entre ministre des Finances et ministres dépensiers, soumises à un arbitrage éventuel du Premier ministre, voire du Chef de l'Etat. Depuis 1977, la répartition des mesures nouvelles s'effectue dans le cadre des actions jugées indispensables à la réalisation du programme gouvernemental :

Les enveloppes financières correspondant aux priorités gouvernementales retenues ayant été déterminées, chaque ministre concerné est en mesure de traduire leurs conséquences pour son département ; dès lors, les arbitrages à l'issue des négociations menées avec le ministre du Budget sont limités en nombre et dans le temps. Vers la fin du mois de juin, un Conseil des ministres arrête le montant définitif des dépenses, notifié à chaque ministre pour ce qui le concerne par une « lettre-plafond ».

Cette nouvelle procédure rend aux ministres l'entière responsabilité des choix budgétaires.

Le tableau final des prévisions fait alors apparaître dans le budget de l'Etat trois sortes de crédits :

Les crédits limitatifs concernent la quasi-totalité des dépenses : la somme qui est allouée au ministre constitue un maximum que ce dernier ne pourra dépasser sous peine de commettre des irrégularités graves — cette rigidité budgétaire est indispensable si l'on veut conserver un sens à la prévision.

Les crédits évaluatifs sont ceux qui échappent à toute prévision, car ils répondent le plus souvent à des obligations de l'Etat déjà reconnues par la loi. C'est le cas du paiement des dettes de l'Etat (dette publique, dette viagère, frais de justice, etc.) dont l'évaluation ne dépend pas de l'Administration mais d'une conjoncture impossible à prévoir.

Les crédits provisionnels échappent, eux aussi, à toute prévision raisonnable, car ils sont affectés à des événements souvent imprévisibles et s'appliquent aux dépenses dont le montant ne peut correspondre exactement à la dotation inscrite dans le budget ; il en est ainsi des frais de réception des souverains étrangers par le Président de la République.

2. La préparation du budget des recettes. — Le problème ne se situe plus au niveau des discussions entre acteurs politiques, dans le cadre d'une confrontation avec des choix politiques ; l'Administration se trouve ici aux prises avec les données et la conjoncture économiques. Or, une saine prévision des recettes est déterminante pour connaître le montant des dépenses, soit que le Gouvernement décide de maintenir l'équilibre budgétaire, soit qu'il décide de mettre le budget en déséquilibre, en déficit.

En pratique, une première tradition consiste, pour les services du ministre du Budget, à sous-évaluer les recettes ; ils y étaient grandement aidés par une méthode d'évaluation automatique, dite de la pénultième année.

Cette règle consiste à inscrire en recettes le montant effectif et connu des recettes antérieurement perçues : dans le cas de la préparation du budget de 1987, préparé en 1986, si l'on utilisait ce mécanisme d'évaluation automatique, les recettes inscrites seraient celles de 1985, dernière année dont les résultats sont connus avec précision.

A l'heure actuelle, sous l'effet d'une croissance rapide de l'économie et d'une assez remarquable amélioration des instruments de prévision budgétaire, on y renonce progressivement. Ainsi, pour l'évaluation des impôts sur les revenus des personnes physiques et des sociétés, le point de départ de l'évaluation est constitué par l'avant-dernière année ; or, compte tenu de l'érosion monétaire, les revenus connaissent une importante hausse nominale chaque année. Aux résultats obtenus, on va alors appliquer un indice de correction pour s'approcher de la réalité. Cette méthode d'évaluation laisse subsister, volontairement, une large marge de sous-évaluation.

La loi de Finances pour 1974 prévoyait un total des ressources à caractère définitif de plus de 226 milliards de francs. La loi de règlement du budget de 1974 laisse apparaître qu'il a été, en fait, supérieur à 278 milliards de francs ; la différence représente 23 % de sous-évaluation, pourcentage important mais justifié par de sévères mesures anti-inflationnistes. Aujourd'hui, sous l'effet de divers facteurs, dont la crise, cette sous-évaluation est moins importante : en 1988, elle n'a été que de 0,88 %.

Pour les impôts sur la dépense, liés étroitement à l'activité économique, l'évaluation est plus précise ; on connaît d'abord les résultats de l'année précédente auxquels s'ajoutent ceux, mensuels, de l'année en cours : en effet, la TVA, principal impôt sur la dépense, donne lieu à des statistiques rapides et précises. Enfin, un certain nombre de postes de recettes ne sont ouverts que pour mémoire, car il est impossible, pour ce qui les concerne, de prévoir les rentrées attendues (il en est ainsi de l'impôt sur les opérations traitées dans les Bourses de commerce).

A partir de ces données, on procède à différentes évaluations, compte tenu des hypothèses d'évolution de l'économie. On constate alors que la préparation administrative du budget de l'Etat s'insère de plus en plus dans une préparation économique.

II. — La préparation économique du budget

Les précédents développements ont montré comment était dressé l'inventaire des besoins de l'Etat. La préparation économique du budget doit permettre à ce dernier d'interférer sur les mécanismes économiques. Le temps n'est plus où l'on discutait de la nécessité de ces interventions ; mais on reste encore incertain sur les moyens budgétaires qui permettent de réaliser une politique économique déterminée. En effet, faut-il se contenter de « teinter » le budget d'une coloration économique pour tenter, le cas échéant, d'orienter la conjoncture économique ? Peut-on aller jusqu'à une véritable planification budgétaire à moyen terme, agissant directement sur l'économie ? Les Etats-Unis et l'Allemagne fédérale, surtout avant 1965, ont peu utilisé le budget comme moyen d'action sur la conjoncture, sauf cas tout à fait exceptionnels. En sens inverse, l'URSS est l'exemple type de ces Etats où le budget n'est que la traduction chiffrée de la réalisation annuelle du Plan. Entre ces deux exemples, la France, comme la majorité des pays industrialisés, adopte une solution médiane. Le budget économique doit permettre à l'Etat de maîtriser l'économie, le Plan ne sert que d'indicateur, « d'accompagnateur ».

1. **Le budget économique.** — Jusqu'en 1939, le budget était présenté dans un document unique, auquel correspondait un vote séparé par chapitres.

Une première évolution a consisté à faire précéder le budget d'un exposé des motifs contenant les principales orientations de la politique économique. Il était, dès lors, difficile de ne pas faire cadrer les dépenses budgétaires avec l'évolution économique, encore que cet exposé des motifs pouvait être quelquefois la justification *a posteriori* d'un budget préparé très empiriquement.

Avec la réforme de 1956, le rapport économique et financier vint remplacer l'exposé des motifs. Ce rapport définit, en harmonie avec l'évolution économique, les charges de l'Etat et les moyens envisagés pour leur financement. Une nouvelle étape est atteinte depuis l'ordonnance du 2 janvier 1959 qui prévoit que le budget doit être précédé d'un « rapport définissant l'équilibre économique et financier ».

Les instruments de prévision se sont considérablement développés et affinés depuis ces dernières années, mais les techniques utilisées sont encore assez peu connues ; des auteurs, praticiens du budget, ont levé un coin du voile sur cette alchimie administrative, mais il faut bien reconnaître que la préparation économique du budget connaît encore un ésotérisme regrettable, qui n'exclut pas, heureusement, une relative certitude dans la prévision.

A) *Le rapport économique et financier.* — Il se compose d'un rapport sur les comptes de la nation pour l'année écoulée, de comptes prévisionnels pour l'année en cours et d'hypothèses économiques pour l'année à venir, c'est-à-dire celle au cours de laquelle le budget préparé sera exécuté.

Dans la préparation de ce rapport, la Comptabilité nationale joue un rôle déterminant, en retraçant minutieusement l'évolution des agents économiques. A partir de ces données, un groupe de synthèse, formé de fonctionnaires de la Division des Budgets économiques et de la Division des Comptes et Projections à court terme, établit les projections nécessaires, pour aboutir finalement à l'établissement des comptes prévisionnels.

Le budget économique joue alors un double rôle. Il est devenu impossible aux administrations d'établir un programme d'investissements, ou même de reconduire les dépenses de fonctionnement de certains services sans avoir une idée des comptes prévisionnels, c'est-à-dire de l'orientation de la politique budgétaire et économique. Mais le budget économique sert aussi à justifier globalement le budget de l'Etat, en mettant en relief ses liens avec l'évolution économique. Politiquement, une concordance parfaite entre budget et économie renforce la position du Gouvernement face au Parlement, puisqu'il est logique, à partir du moment où l'on reconnaît les interactions entre les deux éléments, de les rendre compatibles.

B) *Les esquisses budgétaires.* — Afin de guider les choix du Gouvernement, qui conditionnent la préparation du budget, les services du ministère des Finances ont pris l'habitude, compte tenu d'une réglementation extrêmement souple, de se livrer à des exercices de stratégie budgétaire qui visent à dégager les grandes lignes de budget futur en fonction du contexte économique et politique. On a procédé tout d'abord d'une manière très empirique, par le biais de budgets exploratoires dont la formalisation n'est intervenue qu'en 1968.

Actuellement, les exercices de stratégie budgétaire consistent à essayer de répondre aux six questions fondamentales auxquelles doivent répondre les responsables de la politique économique et sociale de l'Etat :

— Quels services et quels biens faut-il mettre gratuitement à la disposition des usagers ou de la collectivité ?

— Selon quelles techniques convient-il de les produire ?

— Quelles entreprises, quels ménages, quelles administrations convient-il d'aider par des dons et des prêts ?

— Quels agents doivent supporter les prélèvements obligatoires ?

— A qui faut-il emprunter ?

— Quand et comment produire, subventionner, prêter, emprunter, procéder aux prélèvements obligatoires pour que la croissance économique s'effectue dans des conditions optimales (1) ?

Un certain nombre d'esquisses sont alors élaborées, à l'horizon d'une ou deux années, qui tiennent compte d'un certain nombre de contraintes, telles que les engagements pris (ainsi les « 110 propositions pour la France » qui ont constitué le programme électoral de M. Mitterrand aux élections présidentielles de 1981 ou la « plate-forme commune du RPR et de l'UDF » pour les élections législatives de mars 1986), l'évolution économique à court ou moyen terme, les ajustements rendus inévitables par les crises ou les tensions politiques, internes ou internationales.

Peut-on conclure que la préparation du budget permet, à l'heure actuelle, d'orienter l'économie ? Il faudrait, pour répondre affirmativement, être d'abord certain des instruments de prévision. D'autre part, il conviendrait que le Gouvernement

(1) J. Rivoli, *Le budget de l'Etat*, Paris, Ed. du Seuil, 1975, p. 17.

tienne compte des indications fournies par les budgets prévisionnels et prospectifs. Il faudrait enfin qu'il ait les moyens de traduire ses décisions dans le budget.

On a vu que la qualité des prévisions est liée au niveau de développement de la science économique. C'est la seconde condition qui est la plus délicate à réaliser, car des impératifs politiques provoquent souvent le rejet des solutions économiques les plus rationnelles. On constate, enfin, que le Gouvernement dispose assez largement des moyens nécessaires pour transcrire sa volonté dans le budget.

En fait, les possibilités d'action du Gouvernement sont avant tout limitées par le principe d'annualité budgétaire et des prévisions à court terme peu compatibles avec l'ampleur des fluctuations économiques. Théoriquement, l'existence d'un Plan pluriannuel permet d'espérer sortir de cette impasse, en assurant une vision prospective à plus long terme. Mais elle se heurte à l'alternance politique — bienfaisante par ailleurs — qui provoque nécessairement, et parfois brutalement — en juin 1981, au printemps 1986 —, des remises en question de la politique économique, donc de sa traduction budgétaire.

2. **Le budget et le Plan.** — C'est pourquoi la relation entre le Plan et le budget de l'Etat se pose à la fois sur le terrain politique et dans des termes techniques. En effet, le Plan sert le Gouvernement à l'occasion de la négociation budgétaire : il est un moyen de justification de la masse des crédits budgétaires et des choix dans leur affectation. Il peut servir également les partis d'opposition comme moyen de constater les décalages réels entre les objectifs qu'il trace et les réalisations budgétaires prévues.

Disons alors que, politiquement, le Plan constitue un mythe, contesté depuis quelques années, qui sert ou dessert tour à tour les représentants de la majorité et ceux de l'opposition sans que les uns ou les autres se préoccupent véritablement de la valeur de son contenu. On s'en rend d'autant mieux compte quand un changement de majorité politique intervient en cours d'exécution du Plan : celui-ci est remis en cause à l'occasion du débat sur un nouveau Plan — qualifié en 1982 d' « intérimaire » — qui ne retient guère l'attention de la classe politique et encore moins celle des citoyens.

D'ailleurs, sur le terrain technique, certaines réserves peuvent être formulées quant à la liaison entre Plan et budget. Les prévisions à moyen terme inscrites dans le Plan ne sont pas toujours parfaitement au point ; quand elles le sont, il n'est pas toujours possible de les réaliser et le budget ne traduit pas toujours les « ardentes obligations » du Plan. Il s'agit, en effet, de déterminer les répercussions des activités de l'Administration sur l'économie nationale ; or, il est difficile de chiffrer ces activités qui ne sont pas de nature commerciale et que l'on ne peut donc pas quantifier. Néanmoins, la tendance actuelle vise à accorder les prévisions budgétaires au Plan.

Le Gouvernement peut s'inspirer du Plan, soit pour établir la politique budgétaire globale, soit pour préparer et programmer ses investissements. Sur la politique globale, les instruments d'analyse sont allés en se perfectionnant, grâce à la mise au point de modèles, dont l'ésotérisme des sigles (Zogol, Fifi ou DMS) permet à ceux qui en ignorent le contenu de faire cependant preuve d'une culture financière de bon aloi. Dans l'ensemble, grâce aux efforts déployés aux Directions du Budget et de la Prévision, à l'INSEE et au Commissariat au Plan, les résultats sont peut-être prometteurs pour l'avenir ; mais le bilan, pour les sept plans écoulés, est des plus modestes et a suivi la politique beaucoup plus que la technique.

Pour les investissements publics, les indications du Plan se sont avérées plus fructueuses. Mais il ne faut pas oublier que ces investissements ne constituent que le quart environ des dépenses de l'Etat ; la tendance actuelle des administrations aurait donc dû être de se rallier sans réserve aux indications du Plan ; mais ce dernier est encore trop imprécis.

Par surcroît, il est victime d'un environnement international instable, dont les contraintes sont particulièrement pesantes en période de « guerre économique ». Les gouvernants, face à la crise, ne peuvent que tenter, dans le très court terme, de colmater les brèches et de tenir le cap par une politique de *stop and go* qui vise à maintenir la croissance en évitant l'inflation.

Par ailleurs, les divers ministères peuvent être amenés à programmer leurs investissements dans le cadre de lois de programmes particulières, sans rapport direct avec le Plan.

Il reste qu'en principe le Plan doit, tout de même, demeurer le guide en matière d'investissements, permettant à l'Administration d'entreprendre une politique cohérente, et non pas une juxtaposition de politiques particulières.

3. **La régionalisation du budget.** — A l'heure de la décentralisation régionale, il est intéressant de relever les moyens financiers mis à la disposition des régions.

On remarquera en premier lieu que la régionalisation du budget n'est pas une idée neuve, puisqu'elle a été instaurée par un décret du 19 février 1963 ; mais ce sera pour constater qu'elle concernait essentiellement sa préparation, cherchant à assurer une meilleure coordination entre secteurs et régions. Il s'agissait, en effet, de rassembler les autorisations de programme et les crédits de paiement par secteurs économiques et sociaux, d'une part, par régions de programme, d'autre part.

Autrement importantes, les conséquences des lois intervenues depuis 1982, qui ont mis en place un véritable niveau de pouvoir régional. Elles touchent de plein fouet le budget de l'Etat dans deux domaines au moins, parce qu'elles augmentent le besoin de financement des collectivités locales ; elles affectent le montant total des prélèvements obligatoires, donc la part de l'Etat en leur sein ; et elles impliquent une répartition des charges entre l'Etat et les collectivités territoriales, des transferts de compétences qui ont pour corollaire de nécessaires compensations financières, sous la forme de dotations toujours considérées comme insuffisantes par ceux qui en bénéficient quand elles n'accroissent pas leurs ressources disponibles pour être affectées à des opérations rémunératrices en termes de clientélisme politique.

Tous les efforts de prévision que l'on a examinés demeurent en définitive freinés par l'inertie de l'Administration et la force des habitudes. Les différents essais déployés en vue de les vaincre s'avèrent illusoires, car la solution de facilité a tendance à toujours l'emporter. Peut-on mettre quelque espoir dans la rationalisation des choix budgétaires, qui remet en cause tout le mécanisme prévisionnel et grâce à laquelle la force de l'habitude doit céder le pas à l'imagination ?

III. — La rationalisation des choix budgétaires

Le volume des dépenses publiques croît régulièrement et, depuis quelques années, on éprouve le sentiment d'un décalage, d'une inadaptation grave entre les besoins croissants de la société, en évolution rapide, et les moyens et les méthodes budgétaires traditionnels, d'une efficacité limitée. L'idéal recherché est alors, pour éviter l'anarchisme des choix, d'orienter les décisions des autorités politiques.

Cet effort de rationalisation a été développé aux Etats-Unis à partir des années 1965 sous le vocable de PPBS *(Planning, Programming and Budgeting System)* ; il s'agissait, à l'origine, de coordonner les départements du ministère de la Défense, en particulier le secrétariat à la Guerre et le secrétariat à la Marine, deux organismes largement indépendants l'un de l'autre, au préjudice de la programmation de leurs ressources et de la cohésion de leurs projets. Malgré tous les efforts déployés, depuis 1949, pour coordonner l'action de ces départements, il apparut à M. Robert McNamara, en 1961, qu'il fallait opérer une véritable révolution administrative, « désacraliser » l'administration militaire et, comme l'indique Lucien Sfez, « introduire des mécanismes et des réflexes administratifs nouveaux ». En 1965, les méthodes inaugurées par M. McNamara ont été introduites dans la plus grande partie des administrations de l'Etat fédéral.

La méthode du PPBS est simple : dans un premier temps, on cherche à définir avec le maximum de précision l'objectif à atteindre ; dans un deuxième temps, le but étant fixé, on recense les moyens les plus adéquats pour atteindre cet objectif. Il s'agit, en fait, d'une recherche de la conciliation entre une planification à long terme et une administration quotidienne, considérées comme indissociables.

En 1968, le Gouvernement français a décidé, à son tour, d'introduire progressivement la rationalisation des choix budgétaires, afin de « regrouper en un système cohérent et synthétique des techniques utilisées jusqu'alors de façon fractionnée ». La RCB consiste alors à adopter une démarche cohérente de préparation, d'exécution et de contrôle du budget selon le schéma p. 28.

Le processus est le suivant :

1. Dans une première étape, on recherche approximativement une orientation ; par exemple, l'accroissement de la sécurité routière, l'amélioration du rendement d'un service public, etc. On entre dans la phase d'analyse proprement dite. Il faut déterminer les actions existantes, les objectifs poursuivis et les contraintes possibles.

On dégage tout d'abord un objectif, soit un résultat à atteindre dans un domaine donné, à une échéance fixée — par exemple : préciser en cinq ans les connaissances de base les mieux adaptées à l'épanouissement de l'individu.

Le programme est un ensemble de moyens qui permettent d'atteindre un objectif déterminé ; plusieurs programmes constituent une structure de programmes, chacun d'entre eux étant la somme des programmes du niveau immédiatement inférieur.

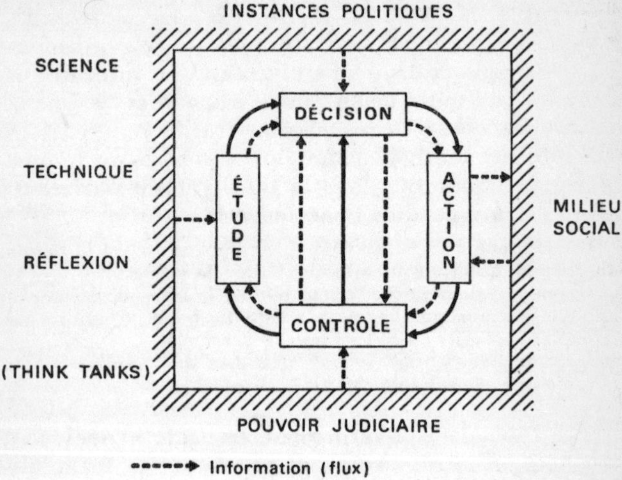

Fig. 2. — Phases et acteurs de la RCB
(D'après P. Huet, Présentation de la RCB en France, *Notes et Etudes documentaires*, 20 septembre 1971, n° 3815, p. 18)

2. La décision constitue la deuxième étape ; elle résulte d'un dialogue entre l'équipe des analystes et les responsables politiques. De cette collaboration naissent un certain nombre de solutions alternatives. L'évaluation consiste alors à caractériser et, si possible, à valoriser chacune des conséquences, favorable ou défavorable, d'une alternative vis-à-vis des objectifs poursuivis. Compte tenu des résultats ainsi obtenus, les responsables politiques — les« décideurs» — effectuent leurs choix.

L'ensemble de ces deux phases s'intitule : analyse de système.

3. Dans une troisième étape, les administrateurs chargés de l'exécution des choix tentent de réaliser les objectifs avec les

moyens mis à leur disposition ; ils sont aidés dans leur tâche par des documents articulés et séquentiels : plans stratégiques, programmes annuels, budget annuel.

4. La gestion et le contrôle constituent la quatrième et dernière étape. Au niveau du gestionnaire, on vérifie le degré d'accomplissement des activités prévues dans les programmes ; puis, au niveau supérieur, on vérifie que ces activités de programme concordent avec les objectifs fixés. Tout écart peut signifier, soit que la gestion a été mauvaise, soit que l'objectif était mal défini, auquel cas on procède de nouveau à une étude. La boucle est ainsi bouclée.

Création continue, la rationalisation des choix budgétaires ne peut porter de fruits que par une remise en cause permanente des objectifs primitivement fixés. On a pu alors considérer que les difficultés auxquelles se heurte la formulation de la notion de choix risquaient d'être insurmontables ; dans le secteur productif, le critère du profit capitaliste est un guide assez sûr quand il s'agit de déterminer des options ; au contraire, dans les secteurs « non marchands », comme la santé, la sécurité, l'éducation, la culture ou l'environnement, la volonté collective et l'intérêt particulier, lorsqu'ils ne s'accordent pas, s'affrontent dans un rapport de forces dont les variables ne peuvent pas toujours être dégagées efficacement : les données telles que « années de vie épargnées » ou « temps des usagers » ne sont pas politiquement très faciles à manipuler. Les choix politiques étant souvent, par ailleurs, guidés par des conditions non rationnelles, la RCB peut apparaître comme un instrument de pression idéologique ou un « gadget » d'aspect technologique.

Cependant, il apparaît, en contrepartie, que la RCB est susceptible de modifier profondément le contenu du Plan et celui du budget. A l'égard du premier, elle implique le choix d'objectifs essentiels, la détermination de programmes pluriannuels ; surtout, elle contraint à suivre régulièrement la réali-

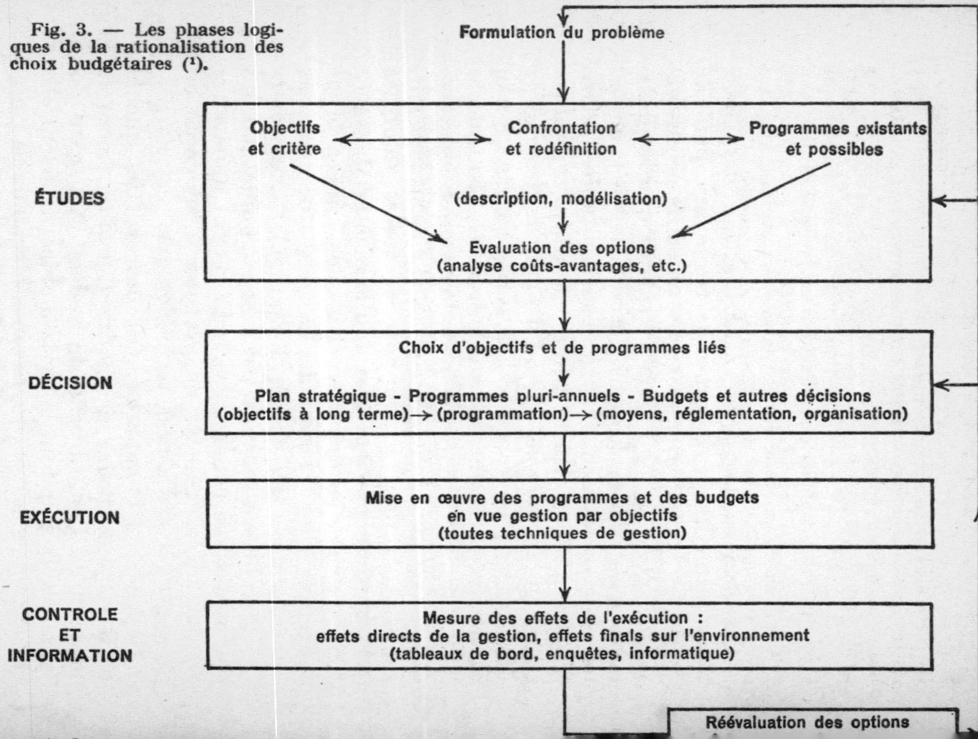

Fig. 3. — Les phases logiques de la rationalisation des choix budgétaires [1].

sation des objectifs du Plan. Par ailleurs, et depuis 1975, l'élaboration et la présentation du budget sont touchées par la mise en œuvre de la RCB : aux budgets de moyens propres à chaque ministère s'ajoutent — pour les remplacer peut-être bientôt — les « budgets de programmes » qui définissent les objectifs poursuivis, les programmes qui y concourent et les moyens qui leur sont consacrés.

Ainsi, en ce qui concerne la marine marchande (ministère des Transports), *l'objectif* des polices maritimes est d'assurer la sécurité des personnes et des biens dans l'espace maritime par la *mise en œuvre* du contrôle de la circulation dans les zones de trafic intense, qui *consomme des moyens budgétaires* s'élevant pour 1978 à 48,9 millions de francs, répartis en dépenses de fonctionnement (36,3 millions) et dépenses d'investissement (12,6 millions).

La présentation des fascicules budgétaires substitue progressivement la notion d'action à celle de service, afin de faire apparaître l'ensemble des moyens mis à la disposition d'un service ou d'une activité, quel que soit le titre sur lequel seraient imputées les dépenses et de montrer que les moyens budgétaires sont à relier à la notion de programmes.

On peut donc en attendre la disparition de la distinction traditionnelle entre les services votés et les mesures nouvelles. Surtout, le contrôle du budget change de niveau, puisqu'il s'effectue en cours d'exécution, chaque fois qu'un « indicateur » fait apparaître des dysfonctions, impliquant une révision permanente de l'exécution des lois de Finances.

CHAPITRE II

LA STRUCTURE DU BUDGET

De l'examen de la physionomie du budget, c'est-à-dire des procédés de classement et de présentation des dépenses et des recettes de l'Etat, dépend la connaissance que l'on peut en avoir. Or, la possibilité de connaître le budget, c'est-à-dire la bonne information de tous ceux qui désirent s'enquérir de ce qu'il prévoit, de ce qu'il contient, est fondamentale ; grâce à elle, les organes administratifs chargés de son exécution ont quelques chances d'éviter les erreurs qu'implique un budget confus ; mais surtout, d'une présentation claire, rationnelle et précise des différentes masses budgétaires dépend toute l'efficacité du contrôle parlementaire et populaire. Ce dernier impératif, d'essence démocratique, pose de nombreux problèmes à l'époque contemporaine ; en effet, le temps n'est plus où les parlementaires prenaient connaissance du budget, dans son intégralité, à travers quelques minces fascicules ; ils ploient aujourd'hui sous le poids de quelque 25 000 pages de documents, représentant une hauteur de 3,80 m et un poids proche du quintal.

Cette prolifération de chiffres, de tableaux comptables et de textes leur permet-elle de demeurer encore informés ? Peuvent-ils recourir à l'essentiel quand c'est nécessaire ? Le citoyen — à son niveau de connaissance de la machine étatique — peut-il retenir quelque élément d'appréciation de la lecture des documents budgétaires ?

On peut considérer que la présentation actuelle du budget, dans la plupart des Etats contemporains, est demeurée archaïque, malgré certaines améliorations ; rares sont les Etats qui se tournent résolument vers le budget fonctionnel. L'étude de la structure du budget français illustre bien cette difficile transition.

I. — Le budget de moyens

Découlant directement de la conception libérale de l'Etat, le budget de moyens *s'efforce de mesurer les moyens nécessaires à l'accomplissement des tâches de l'administration de l'Etat.* Devenu interventionniste, l'Etat conserve cependant la structure budgétaire traditionnelle, qui lui permet de faire fonctionner les organes administratifs sans se soucier des résultats de son activité. Ce paradoxe explique l'extrême complexité d'une présentation budgétaire qui se plie à des règles qui ont depuis longtemps perdu leur raison d'être.

1. **Le projet de budget.** — Il s'agit évidemment du document essentiel, bien que peu volumineux — 250 à 300 pages —, mis à la disposition des parlementaires. A son égard, il convient de présenter d'emblée une remarque d'ordre méthodologique : dans l'actuelle terminologie budgétaire française, les lois de finances se distinguent du budget ; les premières, prévues par la Constitution et précisées par l'ordonnance du 2 janvier 1959, « déterminent la nature, le montant et l'affectation des ressources et des charges de l'Etat, compte tenu d'un équilibre économique et financier qu'elles définissent ».

Cette définition large entend situer toutes les charges et ressources de l'Etat, quelle qu'en soit la nature, dans un contexte économique. Par surcroît, elle permet d'effectuer une distinction entre la loi de finances *initiale*, prévisionnelle, que le vocabulaire courant qualifie : « budget », et les lois de finances *rectificatives*, qui modifient en cours d'année les dispositions prévues, dans des proportions parfois très importantes (1).

La définition du budget est plus modeste et plus technique ; il est « constitué par l'ensemble des comptes qui décrivent pour une année civile toutes les ressources et toutes les charges de l'Etat ». Cette différence entre les notions de lois de finances et de budget se concrétise avant tout par la nature des ressources et des charges ; mais elle recouvre essentiellement une distinction d'ordre technique, et c'est pourquoi nous retiendrons la notion de budget dans son acception la plus courante et la plus classique.

Au sein du projet de budget présenté au Parlement, trois éléments essentiels doivent être aisément déchiffrables pour en faciliter la lisibilité : l'équilibre entre les charges et les ressources, la présentation des ressources, et la ventilation des dépenses. A ce projet s'intègrent les budgets annexes et les comptes spéciaux du Trésor.

A) *L'équilibre budgétaire.* — L'évolution de la présentation de l'équilibre budgétaire reflète assez nettement le souci des gouvernants actuels de satisfaire au mythe d'un budget en équilibre au service d'une économie en expansion.

(1) Le changement de majorité intervenu à la suite des élections du 16 mars 1986 provoque le dépôt rapide d'un « projet de loi de finances rectificative pour 1986 », moins de quatre mois après le début de l'année budgétaire, visant à « restaurer les grands équilibres » et à « donner à l'économie le supplément de liberté qui lui apportera un regain de dynamisme » : en pratique, il accroît les charges de 21 milliards — plus de 2 % de leur total — compensées par plus de 22 milliards de « mesures de redressement ». Il n'en est pas de même en 1988 ; le nouveau gouvernement (socialiste) s'accommode d'un budget voté pour un gouvernement de droite six mois auparavant. Signe qu'un changement de majorité n'a pas provoqué un changement de politique économique.

On constate, à la lecture de la figure 4, qu'il s'agit d'une présentation à la fois comptable et juridique ; comptable, parce qu'elle dresse le bilan de l'ensemble des opérations budgétaires de l'Etat ; juridique, par la distinction fondamentale entre les opérations à caractère définitif et les opérations à caractère provisoire. Les premières sont constituées par des dépenses définitives et non remboursables ; leur solde constitue le *déficit budgétaire* proprement dit. Les secondes sont constituées par des avances ou des prêts remboursables à moyen ou long terme ; si leur solde est souvent négatif, la charge qu'il implique n'est que temporaire.

Le solde des opérations à caractère définitif, ajouté au solde des opérations à caractère temporaire, constitue le *découvert* budgétaire, terme plus noble, qui a remplacé depuis quelques années celui d'*impasse*, vulgarisé par Edgar Faure, mais que M. Valéry Giscard d'Estaing considérait comme mieux adapté aux... tripots « où l'on bat la carte » !

Avec une relative facilité, on peut ainsi se faire une idée exacte de la situation financière de l'Etat, alors que ce n'est pas toujours chose aisée, le Gouvernement pouvant être tenté de se livrer à certaines manipulations comptables qui consistent, par exemple, à faire glisser certaines dépenses à caractère définitif dans les opérations à caractère provisoire ; ce « passage de la ligne » — comme on l'appelle dans le jargon financier — a pour résultat évident de diminuer le déficit budgétaire et, par conséquent, de masquer le volume des dépenses définitives de l'Etat.

B) *Les ressources.* — Le budget débute obligatoirement par une première partie relative aux ressources de l'Etat. Est-ce un fruit de la tradition historique ? Plus vraisemblablement, cette coutume procède d'une considération logique : il vaut mieux connaître, au départ, ce que l'on peut dépenser. Accompagnant l'autorisation de percevoir les recettes, le tableau de l'évaluation se décompose

(En millions F)

	1988		1989		1990	
	Ressources	Charges	Ressources	Charges	Ressources	Charges
I. Opérations à caractère définitif						
A. Budget général						
Dépenses ordinaires civiles (1)		801 422		850 901		907 689
Dépenses civiles en capital		68 022		79 614		81 984
Dépenses ordinaires militaires		121 957		123 807		128 666
Dépenses militaires en capital		90 847		98 000		102 100
Impôts et monopoles (1) (2)	894 431		959 057		1 024 224	
Autres ressources	74 431		96 359		105 237	
	968 862	1 082 248	1 055 416	1 152 322	1 129 461	1 220 439
B. Comptes spéciaux du Trésor *(comptes d'affectation spéciale)*						
Dépenses ordinaires civiles		44 726		10 058		10 819
Dépenses civiles en capital		16 598		1 646		2 620
Dépenses militaires						
Ressources	61 457		11 826		13 596	
	61 457	61 324	11 826	11 704	13 596	13 439
Total des opérations à caractère définitif	**1 030 319**	**1 143 572**	**1 067 242**	**1 164 026**	**1 143 057**	**1 233 878**
Solde des opérations à caractère définitif		**113 253**		**96 784**		**90 821**
II. Budgets annexes						
Postes, Télécommunications et Espace		171 994		181 290		190 666
Prestations sociales agricoles		70 300		73 049		76 626
Autres budgets annexes		5 282		6 148		7 047
Recettes des budgets annexes	247 576		260 487		274 339	
Total des budgets annexes	**247 576**	**247 576**	**260 487**	**260 487**	**274 339**	**274 339**
III. Opérations à caractère temporaire						
A. Comptes d'affectation spéciale	***133***	***240***	***140***	***262***	***131***	***273***
B. Comptes de prêts						
FDES	4 335	3 820	4 279	2 090	4 210	2 507
Autres prêts	–	–	1 269	7 274	1 075	11 930
	4 335	***3 820***	***5 548***	***9 364***	***5 285***	***14 437***
C. Autres comptes						
Comptes d'avances	185 600	185 888	193 107	193 390	216 239	207 301
Comptes de commerce (charge nette)		– 30		– 31		– 698
Comptes d'opérations monétaires (charge nette)		– 680		– 473		– 450
Comptes de règlement avec les gouvernements étrangers (charge nette)		2 560		140		140
	185 600	***187 738***	***193 107***	***193 026***	***216 239***	***206 293***
Total des opérations à caractère temporaire	**190 068**	**191 798**	**198 795**	**202 552**	**221 655**	**221 003**
Excédent des charges temporaires de l'État		**1 730**		**3 757**		**– 652**
Excédent net des charges de l'État		**114 983**		**100 541**		**90 169**

(1) Après déduction de 120 815 millions de francs en 1988, 137 573 millions de francs en 1989 et 169 705 millions de francs en 1990 de dégrèvements et remboursements fiscaux.

(2) Après prélèvement de 109 616 millions de francs en 1988, 118 624 millions de francs en 1989 et 123 732 millions de francs en 1990, au profit des collectivités locales, 54 770 millions de francs en 1988, 64 492 millions de francs en 1989 et 63 500 millions de francs en 1990 au profit des communautés européennes.

Fig. 4. — Equilibre général des lois de finances 1988-1990 (lois de finances initiales)

entre les impôts et monopoles, d'une part, et les recettes non fiscales, de l'autre. A propos des impôts et des monopoles, on a conservé une vieille distinction entre les impôts directs et indirects dont la valeur tend pourtant à diminuer progressivement.

C) *Les charges.* — Ce sont les dépenses qui donnent lieu aux dispositions les plus nombreuses et les plus rigides au sein du budget. Leur présentation rationnelle demande une connaissance des « clés » d'utilisation, délicate à acquérir parce qu'elle requiert une certaine habitude à manipuler les documents budgétaires.

— Les dépenses les plus faciles à repérer sont constituées par les *services votés*. Ce sont, on l'a déjà vu, un ensemble de dépenses — près ou plus de 90 % du budget — reconduites en une seule masse pour l'ensemble des ministères. Tout au plus précise-t-on la part des dépenses civiles ordinaires, des dépenses ordinaires militaires et des dépenses civiles et militaires en capital.

Le lecteur consciencieux, qui désire savoir avec plus de précision comment ces services votés se répartissent entre chaque ministère et à l'intérieur de chacun d'entre eux, doit recourir à une étude des annexes. Ces dernières, dont l'intérêt est fondamental — on les appelle, dans le jargon technique, les *bleus* (couleur de leur couverture) —, sont d'une lecture assez rébarbative. En effet, les services votés sont d'abord répartis entre les différents ministères ; mais les masses attribuées à chacun d'entre eux sont tellement importantes qu'il convient de les diviser ; précisément, c'est à ce niveau de la division que les difficultés se font jour, car les dépenses ministérielles sont réparties entre différents titres, qui constituent des regroupements économiques de dépenses : fonctionnement, investissement, transfert.

Entre le titre et le chapitre, les parties constituent des regroupements sans grand intérêt, puisque sans signification politique ou économique. En revanche, le chapitre, s'il ne conserve pas la gloire qui était la sienne quand il était au centre des discussions et du vote parlementaires, demeure une unité budgétaire essentielle. Il regroupe les crédits qui, dans un ministère déterminé, présentent la même nature. Ce regroupement présente des avantages, mais soulève des problèmes. L'avantage tient à ce qu'il permet, au niveau de l'exécution, une certaine homogénéité de la dépense, en interdisant le mélange de dépenses diverses conformément à la règle de la spécialité budgétaire qui prohibe le « mélange » des chapitres et qui améliore l'efficacité du contrôle grâce à un effort de classement rationnel par chapitres. Un autre avantage était constitué par le fait que le chapitre était l'unité de vote au moment de la discussion budgétaire.

Mais cette dernière règle a été précisément abandonnée à cause du problème que pose le chapitre, et qui est celui de son volume. On peut, en effet, morceler à l'extrême les masses budgétaires en fonction de la multiplicité des tâches administratives ; dans cette optique, le nombre des chapitres croît avec la complexité administrative, mais finit par supprimer toute possibilité d'y voir clair ! Ce fut la politique suivie en France jusqu'en 1956, date à laquelle le nombre des chapitres dépassait 4 000. Une première réforme opéra une réduction de moitié de leur nombre, pour atteindre aujourd'hui un peu plus du millier à la suite d'un remaniement intervenu en octobre 1989, qui en diminue sensiblement le nombre (de 1 823 en 1984 à 1 280 en 1990). Mais cette politique « déflationniste » aboutit à augmenter le volume de la dotation pour chacun des chapitres, au risque de modifier la nature de la dépense publique ; ce phénomène se produit lorsque les dotations du chapitre dépassent le milliard de francs. En matière budgétaire, tout n'est qu'une question de juste milieu. On le constate, d'ailleurs, quand on relève que le chapitre, s'il est relégué au niveau des annexes, n'est pas pour autant tombé en désuétude : le Gouvernement, quand il prend des décrets de répartition — des crédits inscrits dans une loi de Finances — respecte ces annexes.

Les chapitres, enfin, sont eux-mêmes divisés en articles et paragraphes, auxquels se réfèrent les autorités administratives dans le cadre de l'exécution du budget.

— Les *autorisations nouvelles* donnent lieu à de plus amples descriptions au sein du budget. En effet, elles correspondent à des modifications par rapport aux données préexistantes, et c'est pourquoi elles font l'objet de ventilations entre titres et ministères.

D) *Les budgets annexes et les comptes spéciaux du Trésor :*

a) Les *budgets annexes* font apparaître les conditions dans lesquelles sont gérés certains services de l'Etat à caractère plus ou moins commercial, lorsque

(En millions F)

	Fonctionnement (titres II et III)	Dette publique et interventions (titres I et IV)	Investissements crédits de paiement (titres V VI et VII	Total 1990	Total Rappel 1989
Affaires étrangères	5 431	6 033	407	11 871	10 828
Agriculture et forêt	6 933	29 074	1 536	37 543	36 238
Anciens combattants	1 123	26 224		27 347	26 317
Coopération et développement	447	5 148	1 719	7 314	6 978
Culture et communication	4 522	3 119	2 843	10 484	9 959
Départements et territoires d'outre-mer	728	459	875	2 062	1 993
Économie, finances et budget :					
I. Charges communes (1)	*52 883*	*194 852*	*11 579*	*259 314*	*227 005*
II. Services financiers	*37 342*	*420*	*495*	*38 257*	*36 235*
Éducation nationale, enseignement scolaire et supérieur :					
I. Enseignement scolaire	*169 345*	*29 291*	*1 303*	*199 939*	*184 125*
II. Enseignement supérieur	*20 282*	*4 437*	*2 750*	*27 469*	*25 083*
Éducation nationale, jeunesse et sports	1 572	767	130	2 469	2 323
Équipements, logements, transports et mer :					
I. Urbanisme, logements et services communs	*18 161*	*21 020*	*20 065*	*59 246*	*56 790*
II. Transports intérieurs	*2 481*	*38 370*	*7 483*	*48 334*	*47 658*
III. Aviation civile	*2 679*	*13*	*2 950*	*5 642*	*4 969*
IV. Météorologie	*672*		*132*	*804*	*783*
V. Mer	*524*	*5 105*	*651*	*6 280*	*5 966*
Industrie et aménagement du territoire :					
I. Industrie	*4 600*	*8 624*	*3 704*	*16 928*	*17 411*
II. Aménagement du territoire	*58*	*163*	*1 772*	*1 993*	*1 697*
III. Commerce et artisanat	*42*	*566*	*40*	*648*	*613*
IV. Tourisme	*224*	*103*	*56*	*383*	*350*
Intérieur	37 980	16 675	9 737	64 392	61 944
Justice	14 703	310	1 866	16 879	15 729
Recherche et technologie	15 686	913	7 557	24 156	23 146
Services du Premier ministre :					
I. Services généraux	*2 995*	*473*	*26*	*3 494*	*2 687*
II. Secrétariat général de la défense nationale	*134*		*119*	*253*	*247*
III. Conseil économique et social	*143*			*143*	*134*
IV. Plan	*106*	*53*	*8*	*167*	*150*
V. Environnement	*215*	*122*	*520*	*857*	*669*
Solidarité, santé et protection sociale	2 878	33 272	1 067	37 217	35 802
Travail, emploi et formation professionnelle et solidarité, santé et protection sociale, services communs	2 552		83	2 635	2 847
Travail, emploi et formation professionnelle	4 829	69 813	511	75 153	83 839
Total des dépenses civiles 1990	**412 270**	**495 419**	**81 984**	**989 673**	–
1989	382 964	467 938	79 613	–	930 515
Défense 1990	**128 666**	–	**102 100**	**230 766**	–
1989	123 807	–	98 000	–	221 807
Total des charges budgétaires 1990	**540 936**	**495 419**	**184 084**	**1 220 439**	–
1989	506 771	467 938	177 613	–	1 152 322

(1) Hors remboursements et dégrèvements fiscaux

Fig. 5. — Budget général (crédits par ministère) (lois de finances initiales 1989-1990)

la loi n'a pas doté ces services de la personnalité juridique. Les dépenses et les recettes de ces services sont présentées en dehors du budget général, sans compromettre la règle de l'unité budgétaire, puisque ces budgets sont, par définition, annexés au budget de l'Etat.

Il s'agit alors simplement d'affecter les recettes et les dépenses dans le cadre d'une exécution identique à celle du budget général. Ainsi, parvient-on à concilier deux préoccupations divergentes : donner à ces services une autonomie correspondant à leur objet, sans pour autant leur permettre d'échapper au contrôle parlementaire : c'était le cas, entre autres, du budget des Postes, télécommunications et espace, en accroissement constant depuis une quinzaine d'années, et qui représentait à lui seul plus des deux tiers du total des dépenses des budgets annexes. Ceux-ci, du coup, prennent de plus en plus d'importance : leur montant total avoisine en 1990 près du quart du budget général.

b) Les *comptes spéciaux du Trésor*. — Selon le doyen Trotabas, le régime des comptes spéciaux « permet d'éliminer du budget certaines opérations à caractère exceptionnel ou provisoire destinées à se solder en équilibre... Les comptes spéciaux apparaissent ainsi comme des comptes d'attente parmi lesquels on distingue les services débiteurs auxquels le Trésor fait momentanément des avances, et les services créditeurs dont il reçoit des avances ».

Cette formule permet ainsi de dégager de la masse du budget les résultats d'une activité publique particulière ; le mécanisme des comptes spéciaux du Trésor assure une plus grande souplesse dans le fonctionnement de certains services en dehors du budget général, tout en maintenant une certaine unité du contrôle de l'activité globale de l'Etat. Leur présentation, longtemps désordonnée à dessein, a permis de camoufler certains déficits budgétaires (en 1947, 312 comptes spéciaux du Trésor étaient égaux à la moitié du budget civil de l'Etat). Depuis, une série de remises en ordre classe les comptes en six catégories : les comptes d'affectation spéciale, les comptes de commerce, les comptes de règlement avec les gouvernements étrangers, les comptes d'opérations monétaires, les comptes d'avances et les comptes de prêts.

2. **Les documents annexes.** — Les documents annexés à la loi de Finances sont de deux ordres : une première catégorie regroupe des documents à caractère documentaire ; une seconde contient des documents à caractère impératif.

A) *Les annexes à caractère documentaire.* — Il s'agit pour l'essentiel du Rapport économique et financier ; destiné à éclairer les parlementaires et l'opinion publique sur l'état de l'économie, il permet de mesurer l'harmonie existant entre le budget de l'Etat et cette économie ; on a vu que son rôle va sans cesse croissant.

Ce rapport est lui-même accompagné de documents divers comme le Rapport sur les comptes de la nation ou l'Evaluation des voies et moyens.

B) *Les annexes à caractère impératif.* — Bien qu'elles ne fassent l'objet d'aucun vote parlementaire, ces annexes tiennent leur caractère impératif du fait qu'elles entrent en application telles qu'elles ont été publiées et présentées aux assemblées. Il s'agit des « bleus », qui comprennent, pour chaque ministère, un tableau récapitulatif par chapitres des crédits votés pour l'année précédente, les mesures acquises, les services votés, les mesures nouvelles et la récapitulation de ces crédits pour l'année budgétaire.

Depuis 1979 un nouveau document est proposé aux parlementaires : le budget de programme qui reprend, sous une forme fonctionnelle, les dépenses de chaque ministère.

La mise en application de la loi de Finances s'effectue par la voie de décrets de répartition qui reprennent fidèlement la ventilation contenue dans les « bleus ».

II. — Le budget fonctionnel

Alors que le budget de moyens est tourné vers le passé, le budget fonctionnel est tourné vers l'avenir. Certes, le terme « fonctionnel » fait référence aux résultats des différentes activités de l'Administration ; mais l'évaluation du coût de ces activités n'est pas fondée sur un état de fait antérieur, elle repose au contraire sur l'estimation du prix à payer pour l'exécution d'un service déterminé. Dès lors, plus qu'un changement matériel de présentation des recettes et des dépenses, le budget fonctionnel implique une véritable transformation psychologique des divers acteurs : ainsi, le fonctionnaire dépensier n'a plus à puiser dans tel ou tel chapitre du budget en se contentant de respecter des règles administratives et comptables pour faire fonctionner le service dont il a la charge, sans choix ni responsabilité. Le budget fonctionnel lui fixe un objectif ; à lui de l'atteindre comme il le pourra, et au meilleur prix ; le fonctionnaire doit effectuer des choix, il est parallèlement investi de responsabilités.

La France n'a pas encore totalement adopté la présentation fonctionnelle du budget de l'Etat ; elle doit, cependant, s'y préparer, si elle généralise la rationalisation des choix budgétaires. Actuellement, après le vote de la loi de finances, le ministère du Budget en assure une présentation fonctionnelle, pour dégager « l'importance respective des grandes fonctions que doit assurer l'Etat à travers l'ensemble complexe de ses divers services » ; cette présentation intervient donc *a posteriori* sans autre valeur qu'explicative et pédagogique. Toutefois, sa grande clarté permet de reconstituer les fonctions de l'Etat et de savoir plus clairement où vont les fonds prélevés sur les contribuables.

Par cette méthode on est en mesure d'avoir une vision synthétique des différentes interventions de l'Etat. Prenons l'exemple du budget pour 1990 :

On dégage, en premier lieu, une fonction « Pouvoirs publics et Administration générale », qui regroupe un peu plus de 12 % des dépenses de l'Etat. Cette fonction regroupe elle-même plusieurs « sous-fonctions » qui concernent les pouvoirs publics, les administrations centrales, territoriales et économiques, la Sécurité intérieure et la justice.

Avec la fonction « Défense », on trouve une parfaite illustration de la différence qui existe entre le budget de moyens et le budget fonctionnel.

Dans le premier cas, les dépenses de gendarmerie sont administrativement rattachées au ministère de la Défense, alors que la mission de ce service est de garantir la sécurité publique. Du point de vue fonctionnel, les dépenses de gendarmerie sont alors exclues de la fonction « Défense » ; on pourrait multiplier les exemples :

Ainsi, les dépenses relatives au secrétariat général de la Défense nationale sont rattachées à cette fonction, alors que le service relève administrativement du Premier ministre. Les crédits de la fonction « Défense » sont alors, en principe, tous ceux qui servent à assurer la défense nationale ; longtemps en tête des fonctions de l'Etat, celle-ci tend à décroître actuellement au terme d'une loi de programmation militaire fixée pour la période 1977-1982 qui l'avait portée à près de 18 % des dépenses fonctionnelles : elle n'en représente plus aujourd'hui que 16 %.

La fonction « Extérieur » se distingue mal, *a priori*, des relations diplomatiques. Il s'agit pourtant de tâches d'un type nouveau, que le grand public intègre spontanément dans l'aide aux pays sous-développés. En réalité, il s'agit aussi de la part

Fonctions	En pourcentage des dépenses budgétaires (1)				En pourcentage du produit intérieur brut total (2)			
	1986	1987	1988	1989	1986	1987	1988	1989
Pouvoirs publics et administration générale	12,2	12,2	12,3	12,6	2,7	2,6	2,6	2,5
Éducation et culture	23,4	22,7	22,6	23,6	5,1	4,9	4,8	4,7
Secteur social, santé et emploi	18,9	18,4	17,8	19,0	4,1	4,0	3,8	3,8
Agriculture et espace rural	2,4	2,2	2,1	2,1	0,5	0,5	0,4	0,4
Logement et urbanisme	4,6	4,4	4,6	4,6	1,0	0,9	1,0	0,9
Transports et communications	4,1	4,3	4,1	4,0	0,9	0,9	0,9	0,8
Industries et services	4,9	4,5	4,4	3,0	1,1	1,0	0,9	0,6
Extérieur	2,5	3,9	3,8	4,5	0,5	0,8	0,8	0,9
Défense	15,9	16,1	15,9	16,2	3,4	3,5	3,3	3,3
Dépenses non fonctionnelles et dotations non réparties	11,1	11,3	12,4	10,4	2,4	2,4	2,6	2,1
TOTAL	**100**	**100**	**100**	**100**	**21,7**	**21,5**	**21,1**	**20,0**

(1) Fonctions budgétaires établies au stade des lois de finances initiales.
(2) PIB total : 4 848 en 1986, 5 125,2 en 1987, 5 472,8 en 1988 et 5 881,8 milliards de francs en 1989 (prévisions d'octobre 1988).

Fig. 6. — Budget fonctionnel (1986-1989) Ventilation des dépenses par fonctions (1)

(1) A rapprocher des figures 1 et 5, *supra*, p. 7 et 39.

contributive de la France aux organisations internationales de tous types — et de plus en plus nombreuses. La part de cette fonction n'atteint pas 5 % des dépenses du budget. Objet de controverses régulières, la fonction « Education et culture » est la mieux dotée : près de 24 % des dépenses de l'Etat.

Les crédits qui la concernent sont d'abord affectés aux trois ordres d'enseignement, puis — mais de manière beaucoup plus modeste — à la recherche, dont sont exclus, par principe, les programmes militaires. On y trouve enfin, dans un amalgame assez inélégant, l'action culturelle, l'orientation et la formation continue, la formation des personnels, le sport et les activités socio-éducatives ; de cet ensemble hétéroclite, il est bien difficile de distinguer ce qui ressort spécifiquement de la culture — mais ce n'est pas, après tout, aux financiers d'en donner une définition !

La fonction « Secteur social, santé et emploi » est dominée, pour l'essentiel, par des dépenses de transferts. Il s'agit, en quelque sorte, d'une fonction de redistribution, donc extrêmement variée, en hausse sensible depuis que le Gouvernement a fermement décidé de lutter contre le chômage et d'accentuer son action dans le domaine de la solidarité.

La fonction « Action économique » est le baromètre des interventions de l'Etat dans l'économie nationale. Elle constitue une part très fluctuante des dépenses fonctionnelles de l'Etat, qui varie en fonction du volontarisme de sa politique économique et du degré d'intervention des collectivités locales en ce domaine ; depuis 1972, elle a éclaté en plusieurs rubriques : « agriculture et espace rural », « transports et communications », « industries et services », sans que, pour autant, sa part ait augmenté : moins de 11 % des dépenses budgétaires.

La fonction « Logement et urbanisme », de création récente, sera complétée, un jour prochain, par l'environnement qui n'apparaît pas encore, en tant que tel, dans le budget fonctionnel.

Une dernière fonction s'intitule : « Dépenses non fonctionnelles et dotations non réparties » ; elle constitue un peu la rubrique fourre-tout, où l'on intègre ce qu'il n'était pas possible de classer ailleurs, et dont la hausse de son montant — 8,6 % des dépenses en 1982, près de 11 % en 1989 — tient à un fort accroissement de la dette publique depuis 1974. On retiendra alors que la faible part des dépenses non fonctionnelles indique au moins que la classification générale est dans l'ensemble assez satisfaisante.

La lecture du budget fonctionnel, sur une période relativement longue, confirme que la part fondamentale des services votés est un frein décisif aux changements profonds de politique ; les pourcentages de chaque fonction varient très peu d'une année à l'autre.

A ce tableau des dépenses, il convient d'ajouter (1) celui des recettes, qui effectue une distinction entre les différents types d'impôts — sur le revenu, sur la fortune, sur la consommation — et les autres ressources de l'Etat, provenant des monopoles, du domaine, des exploitations industrielles et commerciales, etc.

On y constate aisément la part prépondérante des différents impôts sur la consommation ; on y constate aussi que les impositions sur le revenu l'emportent et de beaucoup sur les impôts sur les sociétés commerciales ou sur la fortune. Les contribuables les plus soumis à la pression fiscale n'étant pas souvent les plus riches, il est régulièrement proposé par le Gouvernement de réformer profondément le système fiscal français. Mais il se heurte à la force d'inertie des habitudes acquises et, surtout, à la crainte que suscite tout projet remettant en cause les modalités d'une pression fiscale que chacun s'accorde à trouver juste quand elle est subie par les autres.

Si cette présentation fonctionnelle du budget de l'Etat, qui lui donne une structure tout à fait nouvelle, ne constitue actuellement en France qu'une

(1) Cf. fig. 7, *infra*, p. 47, et fig. 8, p. 48.

(En millions F)

	1988	1989	1990
A. Recettes fiscales :			
Impôt sur le revenu	220 335	243 830	261 850
Autres impôts perçus par voie de rôles	23 500	24 640	27 220
Impôts sur les sociétés	121 240	134 863	161 092
Taxe sur les salaires	28 540	29 983	32 078
Impôt de solidarité sur la fortune et prélèvement sur les bons anonymes	2 000	6 225	7 185
Autres impôts directs	43 910	43 800	36 997
Produit de l'enregistrement, du timbre et de l'impôt sur les opérations de bourse	69 115	71 541	77 205
Taxe intérieure sur les produits pétroliers	106 041	113 483	118 377
Autres produits des douanes	9 730	11 550	12 900
Taxe sur la valeur ajoutée	522 887	564 067	612 223
Autres impôts indirects	32 335	35 765	34 034
Totaux pour la partie A	**1 179 633**	**1 279 747**	**1 381 161**
B. Recettes non fiscales :			
Exploitations industrielles et commerciales et établissements publics à caractère financier	13 828	18 315	24 134
Produits et revenus du domaine de l'État	3 141	5 155	4 182
Taxes, redevances et recettes assimilées	11 630	12 979	13 294
Intérêts des avances, des prêts et dotations en capital	5 741	6 203	4 845
Retenues et cotisations sociales	17 033	18 947	21 638
Recettes provenant de l'extérieur	2 788	3 265	3 561
Opérations entre administrations et services publics	1 428	2 516	1 803
Divers	18 841	28 979	31 780
Totaux pour la partie B	**74 430**	**96 359**	**105 237**
C. Fonds de concours et recettes assimilées :	*Mémoire*	*Mémoire*	*Mémoire*
Totaux A à C	**1 254 063**	**1 376 106**	**1 486 398**
D. Remboursements et dégrèvements fiscaux	**– 120 815**	**– 137 573**	**– 169 705**
E. Prélèvements sur les recettes de l'État :			
Prélèvements sur les recettes de l'État au profit des collectivités locales	– 109 616	– 118 624	– 123 732
Prélèvements sur les recettes de l'État au profit des communautés économiques européennes	– 54 770	– 64 492	– 63 500
Totaux pour la partie E	**– 164 386**	**– 183 116**	**– 187 232**
Recettes nettes du budget général (ressources effectives du budget de l'État)	**968 862**	**1 055 416**	**1 129 461**
F. Recettes des comptes d'affectation spéciale :			
Opérations à caractère définitif	61 457	11 826	13 596
Total général	**1 030 319**	**1 067 242**	**1 143 057**

Fig. 7. — Recettes des opérations à caractère définitif (lois de finances initiales 1988-1990)

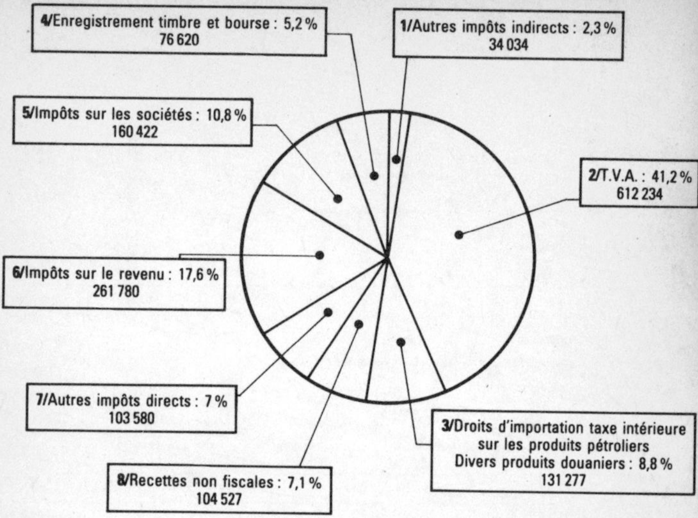

Fig. 8. — Budget de 1990. Répartition des recettes brutes (1)

présentation au second degré, établie à partir de la présentation administrative de la loi de finances, ce n'est peut-être qu'à titre provisoire ; certes, on peut encore reprocher à ce type de classement des dépenses certains doubles emplois, certains oublis ; il peut être discuté. Mais il est évident qu'il est appelé à devenir un mode de présentation au premier degré, qui permettrait aux élus et aux citoyens d'être en présence d'une meilleure information. Il ne s'agit alors que de tomber d'accord sur le contenu des différentes rubriques ; mais un tel débat ne risque-t-il pas d'être immédiatement politisé ?

(1) Les fig. 4 à 8 sont extraites de la brochure éditée par le Service de l'Information du ministère de l'Economie, des Finances et du Budget « Budget 1990 », *Les Notes bleues*, n° 488, 14-20 mai 1990, avec son aimable autorisation.

Chapitre III

LE VOTE DU BUDGET

Le droit politique classique enseigne que le vote du budget de l'Etat est le moment le plus important de la vie des assemblées parlementaires ; nous avons déjà vu que l'on date l'apparition du régime représentatif en Grande-Bretagne de l'approbation par la Chambre des Communes des impôts nouveaux levés par le roi. Le principe est alors apparu, indéfectiblement assuré de nos jours, au terme duquel là où le peuple ne consent pas l'impôt — directement ou par la voie de ses représentants — il n'y a pas de liberté ; les critiques de certains régimes de dictature populaire ou prétorienne relèvent en tout premier lieu que le budget y est directement promulgué par le chef de l'Etat.

Pourtant, l'analyse des régimes démocratiques contemporains aboutit, dans la plupart des cas, à cette constatation sommaire : face au budget, que peut le Parlement ? Pas grand-chose. Que fait le Gouvernement ? A peu près tout. En novembre 1969, un député a pu dire à la tribune de l'Assemblée nationale : « Le contrôle parlementaire du budget n'est qu'une farce technique. L'Assemblée ne modifie rien et a le sentiment douloureux de son impuissance. » Très régulièrement, et dans la majorité des pays, les hommes politiques se plaignent de voir progressivement leur échapper ce qu'ils considèrent comme un de leurs droits fondamentaux. Aussi bien, l'évolution contemporaine a pu être retenue comme un indice du délabrement des institutions parlementaires.

Sans aller jusqu'à cette conclusion trop pessimiste, on a pu retenir que le vote du budget, moment sacré de la vie parlementaire, met en relief l'opposition entre le politique et le technique. Au centre du budget, se trouve, comme le souligne le doyen Louis Trotabas, la notion politique d'*autorisation* : « Quand on évoque « le budget » au singulier, on indique que cette autorisation doit être donnée par un acte unique et total, sans se disperser en décisions multiples et indépendantes. Quand on dit : « le budget prévoit », on entend que cette autorisation, par son caractère préalable, commande et conditionne toutes les opérations budgétaires ; quand on ajoute : « annuellement », on limite la durée de l'autorisation, afin de la rendre plus efficace ; quand on précise que cette autorisation est donnée en la forme législative, on institue le Parlement comme autorité budgétaire suprême. » En fait, M. Paul Amselek a pu constater que la notion de budget a éclaté, cette mutation aboutissant à un profond changement dans le jeu politique, c'est-à-dire, en fin de compte, dans la portée même de l'autorisation : « Le budget correspond, en fait, à l'existence et au besoin d'une procédure de prévision financière dans l'Etat, procédure dont l'autorisation parlementaire n'est qu'une modalité. » L'évolution de la structure du budget confirme cette hypothèse ; « désormais, le Gouvernement élabore des prévisions budgétaires, parce qu'il le faut, parce que ces prévisions sont indispensables à son action... Le perfectionnement des techniques d'analyse économique, en rationalisant les choix possibles, limite constamment la liberté d'action du Parlement, comme, d'ailleurs, celle du Gouvernement qui a confectionné le projet ».

On serait alors tenté de penser que le vote du budget est une sorte de spectacle que la classe politique se donne à elle-même, destiné à faire croire — et à croire, pourquoi pas ? — qu'elle est restée maîtresse des destinées de la nation, alors qu'en réalité le futur, même immédiat, lui échappe au profit des technocrates. Sans connaissances techniques, l'homme politique peut-il exercer un choix politique ? Les procédures de vote du budget et les principes qui les encadrent ont-ils encore un sens, alors même qu'ils ont profondément évolué et perdu une large part de leur signification traditionnelle ?

I. — Les principes budgétaires

Les règles classiques de procédure budgétaire s'intègrent dans quelques contraintes que le droit financier a érigées en principes généraux, et que l'on a vu transparaître chemin faisant : l'annualité, l'universalité, la spécialité et l'unité. Ces principes étaient conçus dans le but de donner à l'autorisation budgétaire toute sa valeur ; ils subsistent encore aujourd'hui, alors même que leur intérêt va diminuant et qu'ils ne sont plus que des cadres au contenu un peu dérisoire, conservés par souci pédagogique et politique.

1. **L'annualité budgétaire.** — Le principe d'annualité budgétaire s'exprime très simplement : l'autorisation de dépenser et de percevoir n'est valable que pour une année. Passé ce délai, toute recette et toute dépense sont interdites, jusqu'à nouvelle autorisation.

On saisit aisément l'objectif politique poursuivi par cette règle ; en contraignant le Gouvernement à se présenter tous les ans devant le Parlement, on était assuré de contrôler plus précisément la gestion des deniers publics. Sur le plan technique, il est tout aussi évident que cette gestion est plus facile quand la période considérée est relativement brève ; au-delà d'un an, on entre dans l'incertitude et l'approximatif. Ces deux motifs étaient certainement valables quand la règle fut établie.

Aujourd'hui, le principe d'annualité budgétaire pose deux problèmes essentiels, celui du point de départ de l'année budgétaire, et celui de la durée réelle de l'autorisation annuelle.

— En France, traditionnellement, l'année budgétaire épouse l'année civile et commence, par conséquent, le 1er janvier ; mais rien ne justifie cette concordance, qui est entrée dans les mœurs. En effet, la session parlementaire consacrée à l'examen du budget est amputée, près de son terme, des quelques jours consacrés aux fêtes de fin d'année. Surtout, on constate que certaines rentrées fiscales sont les plus importantes au dernier trimestre, alors que le projet de budget est déjà arrêté par le Gouvernement ; l'exactitude des évaluations de recettes s'en ressent ; c'est également au dernier trimestre que les revendications sociales se manifestent le plus fortement, alors que les évaluations de dépenses ont été déjà arrêtées. Aux Etats-Unis, l'année budgétaire commence le 1er octobre ; en Italie, le 1er juillet ; en Grande-Bretagne, on a préféré le 1er avril. Mais les habitudes sont difficiles à changer en cette matière : un essai tenté par la IIIe République, en 1929, n'a pas abouti ; dès 1933, elle est revenue à la tradition.

— On peut concevoir la durée réelle de l'année budgétaire selon deux systèmes d'enregistrement comptable des opérations budgétaires, parce que l'opération de dépenses et de recettes n'est pas aussi simple pour l'Etat qu'elle l'est pour la ménagère. Dans notre domaine, la règle fondamentale consiste à faire coïncider exactement la durée de l'exécution des opérations budgétaires avec la durée de l'autorisation. Il y a alors deux manières d'envisager l'autorisation annuelle : elle peut être entendue comme une *permission d'entreprendre* — et peu importe alors la durée d'exécution — ou comme une *permission de réaliser* — et tout ce qui n'a pas été effectivement exécuté pendant l'année devient caduc. Le premier procédé est appelé : système de l'exercice ; dans le second cas, on parle de système de la gestion.

Le système de l'exercice consiste à imputer toutes les opérations exécutées au budget qui leur a donné naissance ; pratiqué par l'Etat libéral, il donnait sa pleine valeur à la notion d'autorisation budgétaire. Mais le danger apparut très vite : avec la lenteur et la complexité de l'opération budgétaire, certaines dépenses n'étaient réellement exécutées que plusieurs années après avoir été autorisées, ce qui gênait considérablement le contrôle *a posteriori* exercé par le Parlement. La formule de la gestion est beaucoup plus simple, puisque, selon la définition du doyen Trotabas, « elle embrasse les opérations de dépenses et de recettes réalisées au jour le jour, pendant toute l'année financière, de telle sorte que, au dernier jour de l'année, les autorisations et l'exécution s'arrêtent simultanément ».

En France, l'exercice a été longtemps maintenu comme système dominant. Puis, il a été abandonné en matière de recettes (« les recettes de l'Etat sont prises en compte au titre du budget de l'année au cours de laquelle elles sont encaissées par un comptable public »). Concernant les dépenses, la règle de la gestion risquait de tomber comme un couperet, et de gêner considérablement les dépenses en cours de réalisation. Aussi, un délai de grâce de quelques semaines, variable selon qu'il s'agit de dépenses de fonctionnement ou de dépenses en capital, est-il accordé aux agents d'exécution du budget. On a également recours, mais dans des limites très strictes, à des reports de crédits, qui ne se trouvent plus ainsi définitivement anéantis.

Il n'en reste pas moins vrai que, de toute façon, le principe d'annualité est mal supporté par certaines dépenses. Au cours de la première guerre mondiale, ce fut le cas des dépenses militaires ; pour éviter tout retard dans l'armement, elles étaient accordées par le Parlement pour plusieurs années. Par la suite, cette première entorse au principe d'annualité s'est développée, mais d'une manière assez anarchique. Le gouvernement Doumergue essaya même la formule du budget biannuel, qui ne donna pas satisfaction et fut abandonnée.

Il fallut trouver une autre solution, permettant de dépenser sur plusieurs années sans, pour autant, porter d'atteinte trop grave au sacro-saint principe de l'annualité. Actuellement, on utilise le mécanisme de la distinction entre les autorisations de programmes — pluri-annuelles — et les crédits de paiement — ouverts chaque année.

L'*autorisation de programme* est un accord donné par le Parlement au Gouvernement, permettant à ce dernier d'exécuter un travail qui ne peut pas être réalisé sur une seule année budgétaire ; il en est ainsi pour la construction d'une autoroute ou l'aménagement d'un campus universitaire. L'annualité condamnerait ces immeubles à ne pas être terminés. Grâce à l'autorisation de programme, il est possible d'étaler le montant global des dépenses sur plusieurs années et d'éviter de déséquilibrer le budget d'une année. En effet, si le Gouvernement est autorisé à dépenser un milliard de francs pour la construction d'une autoroute entre 1986 et 1991, ne figureront dans le budget de 1987 que les crédits qui seront effectivement dépensés au cours de cette année. L'autorisation de programme est donc réalisée chaque année par des *crédits de paiement* dont le vote permet à la fois un contrôle de l'avancement des travaux et les ajustements nécessaires. Depuis quelques années, on tend à regrouper les autorisations de programme dans des *lois de programme*, qui les situent plus rationnellement et permettent d'éviter des erreurs.

Il est alors possible de considérer que le principe de l'annualité n'a pas totalement perdu sa signification originelle, mais ne mérite pas tout le crédit qu'on lui accorde encore. Certes, il a bien fallu choisir une période de temps qui permette au contrôle parlementaire d'être effectif. Mais la vie de l'Etat peut-elle encore de nos jours, se découper ainsi en tranches annuelles ? Constituant un frein à la continuité de l'Etat, le principe d'annualité se conçoit dans le cadre d'un budget de moyens, mais devrait disparaître avec la rationalisation des choix budgétaires ; en effet, par ce procédé, la vie de l'Etat est décomposée en plusieurs tâches, dont chacune a sa vie propre ; les agents d'exécution ne seraient plus, tantôt à court d'argent, tantôt préoccupés de dépenser tout ce qui leur reste avant la fin de l'année sous peine de voir disparaître de précieux crédits. Une bonne coordination de ces différentes tâches de l'Etat — au sein d'un plan, par exemple — pourrait harmonieusement assurer une heureuse continuité à des services publics enfin dotés d'une vie autonome.

2. **L'universalité budgétaire.** — L'origine de ce principe remonte à la Restauration, quand on a voulu empêcher certains services administratifs d'effectuer des dépenses sur leurs propres recettes. La tentation, en effet, était grande pour le ministre des Finances, par exemple, de payer ses agents sur les impôts perçus avant de verser le reliquat dans les caisses de l'Etat. Les buts poursuivis par la règle de l'universalité sont simples, mais importants. Il y a, bien sûr, des considérations d'ordre technique : si toutes les recettes et toutes les dépenses de l'Etat passent par un compte unique, le contrôle sera facilité d'autant ; nous retrouvons ici une règle comptable — pour la gestion des finances — et aussi une règle politico-budgétaire pour le contrôle. Mais il y a également une raison de principe, plus profonde : la volonté nationale doit être une ; tous les contribuables doivent concourir à toutes les dépenses publiques. Si les seuls usagers de la route financent les autoroutes, si les pères de famille supportent seuls les dépenses d'éducation, si les seuls malades potentiels financent la sécurité sociale, on en arriverait très vite à une juxtaposition d'intérêts privés contradictoires, qui n'est pas conforme à une saine conception de la démocratie. C'est cette dernière

raison qui donne au principe d'universalité toute sa force.

L'énoncé du principe est simple : « Il est fait recette du montant intégral des produits sans contraction entre les recettes et les dépenses. » Ses avantages sont évidents ; ses inconvénients ne le sont pas moins. On a pu reprocher à un ministre de la Marine d'avoir donné de vieux canons et des chaînes de bronze à titre de souscription à l'érection d'un monument à la gloire de Chasseloup-Laubat, titulaire de ce portefeuille entre 1860 et 1866, et grâce à qui fut acquise la Cochinchine, terre de prédilection des amiraux-gouverneurs ; il aurait dû vendre les canons, verser le produit de la vente à l'Etat, et solliciter ensuite un crédit budgétaire au titre de la contribution de son ministère. Parfois, Courteline transparaît : en 1946, période de disette, le commandant d'une base aérienne avait naïvement utilisé les vastes espaces du terrain d'atterrissage et une main-d'œuvre gratuite — les soldats du contingent — pour améliorer l'ordinaire de ses subordonnés, par la production intensive de légumes verts. Un contrôle administratif pointilleux vint ramener cet original à la dure réalité juridique.

La rigidité du principe de l'universalité tient sans doute à ce qu'il est destiné à empêcher des abus. Malgré tout, elle cède devant la nécessité, et les exceptions deviennent assez nombreuses.

— Il s'agit d'abord de la procédure des *fonds de concours*, qui permet d'associer une dépense administrative d'intérêt général et des fonds particuliers ; ainsi en est-il, par exemple, à l'occasion de la construction d'une route : l'administration ne peut pas entreprendre ce travail toute seule, les riverains acceptent de s'y associer, mais à la condition que leur contribution soit effectivement affectée à la construction de la route, sans être versée au budget général. Ainsi, une recette est affectée à une dépense. Inscrits « pour mémoire » (cf. *supra*, p. 47) au bilan des recettes de l'Etat, ils en représentent pourtant près de 4 % en 1988, à la suite de la multiplication d'opérations d'investissement faisant appel à la collaboration entre l'Etat et d'autres personnes publiques.

— En ce qui concerne les *dons et legs*, on retrouve le même souci ; le donateur offre certains biens à l'Etat, et précise expressément ce que ce dernier doit en faire : il en est souvent ainsi dans le cas de don d'œuvres d'art pour les musées nationaux.

— Le *rétablissement de crédit* a été conçu comme un moyen de freiner l'instinct de conservation de certains services administratifs. Ainsi, le ministère de la Défense possède-t-il de nombreux terrains (champs de manœuvre) et immeubles (forts) qui lui sont devenus aujourd'hui parfaitement inutiles, mais dont il n'accepte pas de se défaire, sachant que le produit de la vente sera versé à l'Etat. Pour favoriser les transactions, il est prévu que les crédits ainsi obtenus seront directement versés au ministère « vendeur », qui n'a plus ainsi l'impression d'être dépossédé d'un bien cher.

— Nous avons vu également que les *budgets annexes*, plus précisément, les « budgets annexes rattachés pour ordre au budget général », permettent d'établir une corrélation entre certaines dépenses et certaines recettes : si le prix du timbre-poste augmente, c'est dans le but d'améliorer le tri postal.

— Il existe, de même, dans les comptes spéciaux du Trésor — comptes ouverts dans les écritures du Trésor, et qui retracent des dépenses effectuées et des recettes perçues par des services de l'Etat en dehors du budget général — une catégorie particulière, intitulée : *comptes d'affectation spéciale*. Comme leur nom l'indique, ces comptes permettent d'affecter aussi certaines recettes à certaines dépenses : ainsi, le Fonds d'investissement routier est supposé alimenté par un prélèvement sur le prix de l'essence. Le procédé est tellement commode que, sous la IVe République, tout effort fiscal supplémentaire se traduisait par l'ouverture d'un nouveau compte ; ainsi, le nouvel effort qui lui était demandé était mieux accepté par le contribuable — ce qui était politiquement intéressant — mais le contrôle budgétaire s'avérait plus difficile ; surtout, les comptes d'affectation spéciale dont les ressources s'avéraient insuffisantes ont bénéficié de subventions, ce qui est dangereux pour l'équilibre financier de l'Etat et aboutit à subventionner des intérêts particuliers. Aussi, depuis 1959, les comptes qui ont été consolidés font-ils l'objet d'une surveillance plus rigoureuse.

— Il faut signaler, enfin, les *taxes parafiscales*. Elles ne constituent pas un impôt au sens classique du terme, mais un procédé qui permet à certains prélèvements, de nature quasi fiscale, d'être affectés à certaines dépenses. En principe, ces taxes sont destinées à assurer le développement d'organismes d'intérêt professionnel : ainsi, la taxe sur les textiles, de 0,44 %, est perçue au profit de l'Union des Industries textiles et de l'Institut textile de France. Afin d'éviter leur prolifération, la loi prévoit qu'elles ne peuvent être créées que par une autorisation parlementaire renouvelable chaque année : en 1990, leur montant s'élève à 4 033 millions de francs.

Une telle série d'exceptions permet de s'interroger sur la portée réelle du principe d'universalité budgétaire, en tenant compte, toutefois, de ce que les crédits qui échappent au budget général restent d'un volume malgré tout assez réduit. Le nombre des aménagements actuels laisse penser que la règle de l'universalité est susceptible d'évoluer dans deux sens différents. Si le budget évolue dans le sens d'une intégration plus grande, au sein d'un plan rigide accompagné d'un développement de la rationalisation des choix budgétaires, l'universalité devra être appliquée très rigoureusement. Si, au contraire, le budget tend à se démembrer progressivement, chaque service devra bientôt se préoccuper d'établir ses propres ressources. Il est ainsi clair que, plus que toute autre règle, l'universalité budgétaire dépend étroitement de la conception dominante de l'Etat.

3. **L'unité budgétaire.** — On peut exprimer le principe de l'unité budgétaire à partir de la formule classique de Léon Say : « Il est nécessaire d'enfermer le budget dans un document dont on puisse apprécier aisément l'ordonnance, et saisir d'un coup d'œil les grandes lignes. » L'unité budgétaire trouve, elle aussi, sa justification et son fondement dans la nécessité du contrôle. En effet, retrouver dans un document unique « l'ensemble des ressources et des charges de l'Etat », facilite à l'évidence la tâche de tous ceux qui se préoccupent des activités financières des gouvernants.

L'identité des objectifs poursuivis rend alors plus difficile la distinction entre le principe de l'unité budgétaire et le principe d'universalité, qui semblent se recouvrir ; en fait, la nuance tient à ce que le premier implique l'existence d'un compte unique.

Dès lors, l'unité budgétaire peut se concevoir de

deux manières : entendue au sens matériel du terme, elle implique que la loi de Finances doive recouvrir l'ensemble des actes financiers de l'Etat, c'est-à-dire toutes ses recettes et toutes ses dépenses. Au sens formel, toutes ces opérations doivent être regroupées dans un document unique. On peut alors se demander si, en pratique, ces deux aspects du principe sont respectés.

— Sur le plan matériel, on voit apparaître la distinction entre les opérations à caractère définitif et les opérations de trésorerie. En effet, les comptes spéciaux du Trésor sont différenciés du budget général de l'Etat. On constate également certains démembrements financiers : les budgets annexes n'apparaissent que pour leur solde. On constate enfin des démembrements administratifs : tel ou tel établissement public trouve des ressources en dehors du budget de l'Etat (par exemple, pour une Université, les droits d'inscription versés par les étudiants), qui échappent alors à toute comptabilisation en son sein.

— Sur le plan formel, on a constaté que la loi de Finances est au moins tripartite : budget général, budgets annexes, comptes spéciaux du Trésor — et encore ne tient-on pas compte des multiples documents annexes indispensables pour comprendre le document principal.

Dès lors, malgré la volonté de la Cour des Comptes de remettre en vigueur, dans toutes ses conséquences, le principe d'unité, on peut se demander s'il est encore compatible avec la multiplicité et la décentralisation des interventions de l'Etat.

4. **La spécialité budgétaire.** — Le principe de la spécialité est celui qui exprime le mieux, sans doute, l'autorisation budgétaire ; c'est également celui qui se situe au point de jonction entre le pouvoir parlementaire et le pouvoir réglementaire. Conçue pour affirmer l'autorité parlementaire, la spécialité budgétaire assure également, par sa souplesse, l'exercice du pouvoir réglementaire.

Le principe consiste, très simplement, à faire porter l'autorisation sur des catégories de dépenses précises : le Gouvernement exécutera des dépenses déterminées pour une opération précise, avec un montant fixé. Evidemment, plus les catégories de dépenses sont précises, plus la liberté du Gouvernement est réduite.

Depuis 1831, la tendance a été dans le sens d'une affirmation de plus en plus grande de la spécialisation, réalisée au niveau du chapitre. Dès lors, les budgets de la Ve République laissent apparaître une situation paradoxale : le chapitre, on l'a vu, n'est plus l'objet de l'autorisation ; mais il demeure une règle contraignante, la loi précisant : « Les crédits ouverts par la loi de Finances sont affectés à un service ou à un ensemble de services. Ils sont spécialisés par chapitres groupant les dépenses selon leur nature ou selon leur destination. » En d'autres termes, la liberté des ministres dépensiers est limitée quant à la nature et quant à l'objet des dépenses.

En pratique, le Gouvernement et l'Administration s'accommodent très mal d'une telle rigidité ; au nom même de l'efficacité, il a donc été nécessaire de tourner le principe de spécialité. Dans cette perspective, le Gouvernement dispose d'abord de la possibilité de modifier la répartition des crédits entre les chapitres du budget : il s'agit alors de *transferts* : « les transferts modifient la détermination du service responsable de la dépense, sans modifier la nature de cette dernière. » Les crédits restent inscrits au même chapitre, mais sont utilisés par un ministère autre que celui qui avait été prévu.

Cette pratique, nécessaire pour une bonne exécution du budget, risque, si elle est employée de façon abusive, de supprimer tout contrôle parlementaire ; dès qu'un incident de conjoncture survient, les transferts sont une des premières armes dont on se sert pour le combattre : s'ils ne représentaient en 1973 que 3,3 % des crédits votés, ils sont passés en 1980 à 7,7 % de leur montant, en 1983 à plus de 8 %.

Les *virements* de crédits sont un autre remède, qui consiste à modifier la répartition initiale des crédits entre des services différents. Naturellement, les virements modifient la nature de la dépense prévue, et ils ont plus de chances d'augmenter en nombre quand celui des chapitres diminue. Actuellement, le virement est devenu une pratique presque obligatoire.

Le Parlement vote également des crédits sans affectation spéciale. Il s'agit de *crédits globaux*, également appelés « chapitres-réservoirs ». L'absence de spécialisation permet au Gouvernement de les affecter aux dépenses imprévisibles qui peuvent surgir en cours d'année. Leur destination naturelle est la réparation des dommages causés par les calamités publiques ; dans la pratique, on les utilise aussi à des fins moins imprévisibles :

Ainsi en est-il de la réalisation à Rouen, en 1975, d'un monument à la gloire de Jeanne d'Arc — et du garde des Sceaux de l'époque (2 millions) — ou du financement en 1976 de la « fête de Paris » — et du Premier ministre du moment (2,7 millions).

Il convient enfin de signaler l'existence de *fonds spéciaux*, plus connus sous le nom de « fonds secrets ». Leur montant, contrairement à une opinion mal informée, est parfaitement connu, puisqu'ils font l'objet d'un chapitre du budget du Premier ministre. C'est leur affectation qui demeure secret d'Etat ; en effet, le Premier ministre ordonnance et paie sur ces fonds, sans aucune pièce justificative ; s'il en affecte une partie à ses ministres, c'est selon son bon plaisir. On est, naturellement, très loin ici de la spécialité budgétaire.

II. — La procédure budgétaire

Pour saisir les problèmes et les difficultés que soulèvent les procédures budgétaires contemporaines, il convient de faire appel à l'histoire ; celle-ci, en effet, a tracé les limites des compétences budgétaires des assemblées parlementaires : elle leur a donné, surtout, un contenu particulier, une signification politique précise. De nos jours, encore, ces procédures sont reçues comme des images, alors même qu'elles ne recouvrent pas le même objet.

La tradition libérale a lié le vote du budget *(power of the purse)* à l'ensemble des prérogatives exercées par les assemblées parlementaires ; elle a même construit le principe selon lequel la souveraineté parlementaire est le critère, la condition nécessaire et suffisante des régimes démocratiques.

Rares, en effet, sont les systèmes politiques qui prévoient un consentement direct du peuple à l'impôt par des voies référendaires ; il en existe quelques vestiges aux Etats-Unis, par exemple, mais qui montrent en pratique ce que chacun ressent en lui-même : le référendum financier a toutes chances d'aboutir à un résultat négatif, l'électeur étant plus sensible à la charge fiscale qui pèse sur sa personne qu'à l'intérêt général poursuivi par la dépense budgétaire qu'on lui demande d'autoriser ; en majorité, les citoyens refusent l'augmentation des charges publiques.

Aussi bien, les assemblées représentatives monopolisent-elles, en fait, l'honneur et la charge de consentir l'impôt au nom de leurs mandants. Il ne s'agit donc, à l'origine, que de voter les recettes de l'Etat. Mais, progressivement, l'autorisation budgétaire ainsi entendue, va être étendue : du vote des recettes — donc des impôts — on passe au vote des dépenses ; celui-ci permet aux élus de déterminer l'emploi des revenus de l'Etat, de contrôler, d'approuver, de déterminer en fin de compte les dépenses publiques.

Ainsi, le pouvoir financier devient tout naturellement pouvoir législatif : c'est au XIVe siècle que le Parlement britannique s'est fait reconnaître le droit d'indiquer, par une *clause of appropriation*, les dépenses auxquelles doivent être affectées les ressources qu'il a consenties. En 1386, la Chambre des Communes a obtenu du roi le droit de constituer une Commission destinée à rechercher tous les motifs de dépenses, à examiner et à redresser les abus commis. Insensiblement, l'autorisation budgétaire se confond avec le pouvoir législatif et avec le contrôle des actes de l'Exécutif : avec le pouvoir législatif, car le vote du budget est l'occasion d'un marchandage au terme duquel le budget est voté ensemble avec des lois d'initiative parlementaire. Avec le contrôle des actes de l'Exécutif, car le débat budgétaire permet aux élus de questionner, de critiquer, de... demander des comptes ; en régime parlementaire, le vote du budget marque la confiance accordée au Gouvernement. En régime présidentiel, le refus du budget permet de paralyser l'action de l'Exécutif, donc de l'amener à composer.

On en arrive alors à une confusion très explicable entre la procédure budgétaire et la procédure législative. Le budget est conçu comme une loi, d'un type particulier, certes, mais une loi tout de même, c'est-à-dire un acte voté par le Parlement — selon la définition organique admise jusqu'à ces dernières années. Cette loi a un contenu politique beaucoup plus net que la plupart des autres, puisque à l'occasion de son vote, toute la politique du Gouvernement — on devrait dire : de l'État — est passée en revue, parce qu'elle est un moyen indirect de contraindre l'Exécutif.

C'est donc, traditionnellement, dans le cadre des rapports entre ces associés-rivaux que constituent les exécutifs et les assemblées représentatives, qu'il convenait d'aborder l'étude des procédures budgétaires. Or, comme on l'a vu, les termes du dialogue ont changé, comme le contenu du budget. La contradiction contemporaine tient alors à ce que les procédures budgétaires restent dominées par des considérations et des principes traditionnels qui répondent chaque jour un peu moins à leur objet actuel.

1. **Les pouvoirs des parlementaires en matière budgétaire.** — Parce que le budget est considéré comme un acte d'autorisation accordé par le Parlement, on conçoit qu'une contradiction apparaît immédiatement entre le monopole gouvernemental en matière d'initiative budgétaire et le compromis qui résulte du dialogue entre celui qui sollicite l'autorisation et celui qui la donne. Il est naturel, en effet, que chacune des parties au contrat — serait-

il de nature politique — précise les conditions dans lesquelles elle entend que celui-ci soit réalisé. Peut-on reprocher aux assemblées parlementaires d'avoir toujours été tentées d'ajouter aux mots : « J'autorise », la formule : « A condition que » ? Le débat budgétaire permet à chacun de mesurer son *bargaining power*, et le résultat du marchandage doit alors se trouver inscrit dans les textes.

Ceci étant, l'intervention du Parlement peut être très dangereuse : elle peut aboutir à donner au Gouvernement des autorisations qu'il n'a pas sollicitées, elle peut compromettre l'équilibre technique ou financier auquel les arbitrages budgétaires étaient parvenus, elle peut être prétexte à démagogie et à toute une série de manœuvres politiques ; parce qu'il n'est jamais très à l'aise lors du débat — après tout, il est en position de solliciteur — le Gouvernement peut être amené à céder à des pressions qui convergent avec d'autant plus de force. Parce qu'il vote le budget, le Parlement est susceptible de contraindre l'Exécutif à se plier à toutes ses volontés. Ce ne serait pas trop grave, si elles s'inscrivaient dans une politique logique et homogène ; en fait, ces qualités ne sont pas l'apanage des assemblées représentatives qui, de toute façon, ne sont pas — on l'a vu — en mesure de construire un budget tel qu'on le conçoit de nos jours.

Le droit positif cherche alors à résoudre cette contradiction par le compromis, c'est-à-dire par la limitation de l'initiative parlementaire en matière budgétaire. Cette limitation se retrouve dans de très nombreux Etats et vise — dit un texte britannique du XVIIIe siècle, donc peu suspect d'antiparlementarisme — à mettre un terme « aux agissements (de ceux) qui persistent à entraver la discussion du programme annuel de dépenses par des propositions irréfléchies, des ambitieux qui désirent se faire valoir dans leurs circonscriptions en multipliant les demandes de crédits extravagantes pour des buts chers à leurs électeurs ».

C'est dire que le problème se pose en termes de droit d'amendement ; étant admis que l'initiative, en matière budgétaire, revient aux seuls responsables de l'exécution du budget, les parlementaires ont-ils le droit de modifier les propositions gouvernementales ? Doivent-ils, au contraire, les accepter ou les rejeter telles qu'elles leur ont été soumises ? Si le droit d'amendement — droit d'initiative indirecte — leur est reconnu, est-il limité ?

Ici encore, les réponses varient : les monarchies parlementaires d'Europe continentale (où la tradition historique « fait procéder le droit constitutionnel du droit financier »), l'URSS et les démocraties socialistes (pour des raisons qui tiennent au principe soviétique), admettent que les attributions des parlementaires dans le domaine du droit d'amendement ne souffrent aucune restriction en matière budgétaire.

Ailleurs, au contraire — et en France, en particulier — la règle du jeu implique que les élus ne disposent pas, face au budget, des mêmes droits qui leur sont reconnus quand il s'agit d'un projet de loi ordinaire ; il s'agit essentiellement de prémunir les assemblées parlementaires contre elles-mêmes, et de les empêcher d'utiliser le débat budgétaire à des fins démagogiques ou déraisonnables. Bien entendu, les doctrinaires ont débattu du problème en opposant quelques grands principes contradictoires, les hommes politiques échangeant de leur côté des arguments plus discutables : tel qui, député, défendait les droits sacrés du Parlement, jure ne pas chercher à leur porter atteinte quand, devenu ministre, il s'entend à son tour accuser de vouloir les violer. En réalité, c'est en fonction du rapport de force existant entre le Gouvernement et le Parlement que le droit d'amendement s'étend ou se restreint. De nos jours, alors même que les règles juridiques sont plus précises, et que le jeu est placé sous l'arbitrage du juge constitutionnel, cette constatation reste vérifiée.

A) Il est possible de la vérifier, en premier lieu, quand il s'agit d'analyser *l'interdiction faite aux parlementaires de proposer des amendements aggravant les charges publiques*. Tant que le budget se résumait en une autorisation de percevoir l'impôt, cette difficulté n'existait pas ; ce n'est qu'à partir du moment où, décidant des recettes, les parlementaires ont pu aussi décider des dépenses, qu'il a fallu mettre un frein à leur souci de satisfaire pleinement leurs électeurs.

Erskine May raconte que c'est au début du XVIIIe siècle, en Grande-Bretagne, que les impôts ayant procuré plus de recettes qu'on en espérait, les députés cédèrent à la tentation d'affecter cet excédent de revenus à la satisfaction de revendications particulières ; un *standing order* de 1713, plusieurs fois amendé dans le sens d'une rigueur croissante, interdit depuis lors à la Chambre des Communes de « donner suite à aucun projet de charge sur les revenus publics (...) en dehors d'une recommandation de la Couronne ». La coutume a interprété cette règle d'une façon très stricte : les députés ne peuvent, ni proposer, au moyen d'un *bill* (proposition de loi) ou d'un amendement, des dépenses nouvelles, ni augmenter les dépenses prévues.

Transposée ailleurs, cette règle est entendue moins sévèrement ; en Belgique, une loi de 1846 précise qu'un amendement créant une dépense nouvelle doit indiquer en même temps le moyen d'y pourvoir ; mais, très vite, cette condition est devenue une clause de style qui ne limite pas les droits des parlementaires.

L'histoire parlementaire française montre, pour ce qui la concerne, un certain parallélisme entre l'initiative indirecte des députés et la domination du jeu politique par le Parlement ; sous la IIIe République, le désordre était total, malgré quelques efforts de rationalisation et de réguliers appels à la discipline. Actuellement, la limitation constitutionnelle du droit d'amendement, et la possibilité de sanctionner les infractions que les parlementaires pourraient commettre à cette règle, ne sont pas inopérantes ; mais elles ne constituent qu'un rempart juridique à la disposition du Gouvernement, lorsque celui-ci juge nécessaire de l'utiliser ; dans le cas contraire, la règle est relativement facile à tourner.

L'article 40 de la Constitution supprime purement et simplement tout droit aux parlementaires de proposer des augmentations de dépenses, que ce soit à l'occasion de la discussion budgétaire ou par le biais de la procédure législative ordinaire. Comme le remarque M. Paul Amselek, si cette limitation semble sévère aux parlementaires, c'est parce qu'elle leur est imposée par les textes et ne résulte pas d'un souci d'autodiscipline.

Dans la pratique, il faut retenir que les difficultés soulevées par l'interprétation de ce texte sont d'abord tranchées par les assemblées elles-mêmes et, en cas d'échec, par un organe qui leur est extérieur, le Conseil constitutionnel ; cette voie de recours est particulièrement énergique puisque ses décisions s'imposent à tous les pouvoirs publics. Les modalités de ce double barrage sont relativement complexes et varient d'une Chambre à l'autre. A l'Assemblée nationale, l'irrecevabilité des amendements est prononcée par le bureau de la Commission des Finances (pour les amendements proposés en son sein), par le président de l'Assemblée, sur avis du président ou du rapporteur général de la Commission des Finances, quand l'amendement est déposé en séance plénière. Au Sénat, le filtrage en Commission n'existe pas ; ce n'est qu'en séance que, à la demande de la Commission des Finances du Gouvernement ou d'un sénateur, la Commission elle-même ou le président du Sénat décident de l'irrecevabilité. Ce filtre n'est pas inefficace, car les parlementaires ont progressivement pris conscience du contenu de l'article 40.

Il y a appel devant le Conseil constitutionnel lorsque l'amendement est déclaré recevable contre l'avis de celui qui a soulevé son incompatibilité avec l'article 40 ; le Premier ministre, le président de l'une ou l'autre assemblée, soixante députés ou soixante sénateurs peuvent alors, avant promulgation du budget, demander au Conseil d'annuler les dispositions du texte voté qui sont contraires à l'article 40. A plusieurs reprises, le Premier ministre et, depuis la réforme constitutionnelle de 1974, l'opposition parlementaire ont pu utiliser cette arme, dont l'efficacité est indéniable, ne serait-ce que comme arme de dissuasion. En effet, le Conseil constitutionnel a interprété les mots « aggravation des charges publiques » d'une façon très large — et discutée par les défenseurs de l'institution parlementaire. Aussi bien, la seule menace d'en appeler au Conseil a pu souvent amener les autorités parlementaires à aligner leur point de vue sur celui du Gouvernement.

Ceci étant, on doit bien comprendre que tout est question de circonstances ; parfois, le Gouvernement peut avoir intérêt à « laisser passer », nul, alors, ne peut sanctionner l'infraction à la Constitution, à moins que, hypothèse d'école, l'opposition reprenne le point de vue du Gouvernement à son compte.

B) Cette constatation s'impose aussi quand on analyse *l'interdiction faite aux parlementaires de déposer des amendements dont l'adoption aurait pour conséquence une diminution des ressources publiques.* Il s'agit là d'une mesure drastique, tout à fait contemporaine, et qui montre bien que, de nos jours, le projet de budget est, en quelque sorte... « à prendre ou à laisser ».

A l'origine, les droits des parlementaires portaient, d'abord et surtout, comme on l'a vu, sur le montant des recettes. Nul n'aurait songé à leur refuser le droit d'en restreindre le montant. Certes, on comprend très bien les raisons qui ont amené la Chambre des Communes à interdire, depuis plus de deux siècles maintenant, les amendements visant à un accroissement des recettes ; elle a admis que le rôle du Parlement est d'autoriser la perception des recettes demandées et non pas d'en fixer elle-même le montant. La notion d'autorisation justifie cette attitude, qui se retrouve dans la plupart des régimes politiques qui s'inspirent du parlementarisme à l'anglaise (Irlande, Inde, etc.). Dans certains cas, l'autorisation d'augmenter les recettes est liée à une augmentation corrélative des dépenses ; ainsi en est-il en Italie ou au Japon ; l'objectif poursuivi est le maintien de l'équilibre budgétaire.

C'est ainsi qu'il n'y a guère que la Ve République qui aille aussi loin dans cette conception restrictive des droits du Parlement ; il faut reconnaître que le régime précédent avait tracé la voie : l'article 58 du décret organique du 19 juin 1956, pris par le Gouvernement de Guy Mollet en vertu d'une loi de pleins pouvoirs, posait : « Aucun article additionnel et aucun amendement (aux projets de lois de Finances) ne peuvent être présentés, sauf s'ils tendent à... créer ou accroître une recette. » La règle avait été entérinée par l'Assemblée nationale elle-même à l'occasion d'un vote intervenu le 21 mars 1958 sur un projet de révision de l'article 17 de la Constitution du 27 octobre 1946.

L'article 40 de la Constitution de 1958 et l'article 42 de l'ordonnance organique du 2 janvier 1959 ne font que reprendre, presque mot pour mot, les termes du projet de révision constitutionnelle du 21 mars 1958. Cette atteinte à la liberté des parlementaires de consentir l'impôt s'explique de la même façon que les restrictions apportées à leur droit de fixer le montant des dépenses : il s'agit de lutter contre la propension naturelle des élus à raisonner en termes d'intérêts particuliers plutôt que par référence à l'intérêt général. Aussi, de considérer que les recettes budgétaires ne sont pas calculées en fonction des fantaisies du Parlement, mais mesurées en termes économiques et sociaux.

Sur le plan juridique, cette règle pose la question de savoir si le Gouvernement peut, dans son projet budgétaire, proposer des modifications au système fiscal antérieur sans craindre que ces aggravations soient susceptibles d'amendements. A s'en tenir au pied de la lettre, les parlementaires ne peuvent pas prendre d'initiatives tendant à supprimer ou à réduire les créations ou les augmentations de recettes prévues dans le projet de loi. En fait, la pratique n'a pas pu aller jusqu'à une telle atteinte au principe classique : le Parlement s'est vu reconnaître — pour des raisons politiques évidentes — le droit de réduire les augmentations d'impôts proposées par le Gouvernement dans la limite du système fiscal existant, celles qu'il avait lui-même votées auparavant. Une telle souplesse d'interprétation est, sans doute, préférable à un vote négatif du projet.

On a pu également se demander si l'interdiction de diminuer les recettes était opposable aux « amendements compensés », qui lient cette diminution à un abaissement corrélatif des charges publiques et ne compromettent pas, par conséquent, l'équilibre général du budget. La réponse donnée par les textes est certainement affirmative. Dans les faits, il apparaît que, sur ce point également, l'attitude du Gouvernement est... nuancée, compte tenu de celle des Commissions parlementaires qui, en règle générale, est... libérale.

En réalité, il faut bien comprendre que ces amendements sont, la plupart du temps, déposés dans un but politique et immédiat : marquer l'opposition de leurs auteurs, non pas à l'accroissement de l'impôt, mais plutôt à la stagnation des crédits budgétaires.

C) Une telle attitude se retrouve dans *la pratique, également interdite, des réductions indicatives de crédits*. Reprenant les termes du décret de 1956, l'ordonnance organique de 1959 interdit, dans son article 42, tout amendement à une loi de Finances sauf s'il tend à supprimer ou à réduire *effectivement* une dépense. Le législateur a cherché ainsi à lutter contre une méthode qui consistait, très simplement, à réduire le montant des crédits budgétaires quand ils étaient jugés insuffisants, à un niveau tel que le Gouvernement, par une lettre rectificative ou par un amendement, propose leur rétablissement à un niveau supérieur ; ne pouvant pas augmenter les crédits, les députés les réduisaient pour arriver finalement au même résultat.

Comme, en pratique, une telle manœuvre est difficile à sanctionner, la coutume s'est instaurée, selon laquelle la réduction indicative représente, comme l'écrit M. Amselek, « un échelon inférieur dans l'escalade parlementaire, un moyen moins radical que le rejet pur et simple du titre » ; pour obtenir l'augmentation de la retraite des anciens combattants, on rogne — d'une façon symbolique : en les réduisant, par exemple, d'une somme égale au montant du traitement du ministre — les crédits de ce ministère.

Coutumière en Grande-Bretagne, une telle pratique est parfaitement inconstitutionnelle, mais parfois utilisée sous la Ve République ; elle fait partie du jeu : lors du débat budgétaire de 1977, pour obtenir la mise en chantier d'un sixième SNLE (sous-marin nucléaire lance-engins), une courte fronde de la « majorité de la majorité » a consisté à réduire quasiment à néant les crédits d'investissement du budget de la défense, section marine, jusqu'à ce que le Premier ministre en personne vienne prendre quelques engagements suffisants pour figurer en bonne place dans la profession de foi des députés intéressés.

D) Le rapport de forces entre l'Assemblée parlementaire et le Gouvernement trace également les limites à *l'interdiction faite aux parlementaires de déposer des amendements dont l'objet est étranger au projet de loi de Finances*. Il s'agit de ce que le droit financier américain qualifie de *riders*, devenus en France les « cavaliers budgétaires », et dont l'élimination est une préoccupation déjà ancienne.

Sous la IIIe République, déjà, les parlementaires cédaient au penchant condamnable qui aboutit à joindre au débat budgétaire des questions tout à fait étrangères au budget, mais auxquelles ils portent un intérêt tout particulier ; ils savaient que le Gouvernement n'était pas en situation de force, à cette occasion, et en profitaient ; ils savaient aussi que le Sénat ne s'opposerait pas aussi systématiquement qu'il l'aurait pu si le cavalier avait fait l'objet d'une proposition de loi ordinaire.

Pratique courante, et parfois bienfaisante — un des droits fondamentaux des fonctionnaires, la communication du dossier avant toute sanction disciplinaire, a été conquis grâce à un « cavalier » au budget de 1906 — de tels errements étaient unanimement condamnés par la doctrine.

Mais elle était la seule, puisque Gaston Jèze avait relevé, sous la IIIe République, de nombreux cas dans lesquels le Gouvernement insérait dans son projet de budget des articles tout à fait étrangers à son contenu.

La Ve République a cherché, elle aussi, à éviter cette pratique ; mais, jusqu'à une date récente, elle n'avait guère mieux réussi que ses devancières, le Gouvernement étant le premier à donner le mauvais exemple, puisqu'il insérait dans ses projets de lois de finances (essentiellement, on doit le reconnaître, dans les projets de lois de finances rectificatives) des dispositions étrangères à celles qui sont autorisées par les textes fondamentaux.

Contre de tels usages, il n'y avait guère, jusqu'en 1974, de sanction possible, une sorte d'accord tacite étant intervenu entre les autorités compétentes pour saisir le Conseil constitutionnel : le Premier ministre acceptait, de bon ou de mauvais gré, les « cavaliers » parlementaires — plus précisément certains de ceux qui émanaient des élus de la majorité — les autorités des Chambres acceptant, par réciprocité, les « cavaliers » gouvernementaux : sur 56 articles de la loi de

Finances rectificative pour 1964, 30 étaient des cavaliers budgétaires ; lors de l'examen du projet par l'Assemblée nationale, 13 h 30 sur les 15 heures du débat leur furent consacrées.

La réforme de l'article 61 de la Constitution — qui permet désormais à soixante députés ou sénateurs de saisir le Conseil — a instauré un contrôle de la constitutionnalité à l'initiative de l'opposition, qui n'a pas tardé à s'en saisir : elle a déféré au Conseil l'article 87 de la loi de Finances pour 1977, qui avait pour but d'autoriser la passation de conventions de coopération avec les établissements d'enseignement supérieur privés. Ce cavalier, qui n'avait pas pour objet « d'assurer le contrôle des dépenses publiques », a été sanctionné comme tel par une décision du 28 décembre 1976.

***

Une statistique résume bien l'évolution précédente : En 1969, lors de la discussion budgétaire à l'Assemblée nationale, 124 amendements ont été déclarés recevables, dont 45 émanaient du Gouvernement. 64 ont été finalement adoptés, dont 42 déposés par le Gouvernement ; sur les 22 amendements d'origine parlementaire qui sont allés jusqu'à leur terme, il n'en est aucun qui émanait des députés de l'opposition. Vingt ans après, rien ou presque n'a changé : sur les 133 amendements adoptés au Palais-Bourbon, il n'en est que 19 émanant des députés. Il est alors possible de conclure que le dialogue est limité à deux acteurs : le Gouvernement qui propose, les parlementaires de la majorité qui approuvent avec quelques restrictions mentales, insuffisantes notait un jour le rapporteur général de la Commission des Finances de l'Assemblée nationale, pour que « des services mal gérés considèrent » avec quelque « appréhension excessive le contrôle opéré par les élus de la nation à travers le vote du budget ».

2. **La discussion budgétaire.** — Par son contenu, la discussion budgétaire doit être intégrée dans une règle du jeu assez stricte. En effet, il importe que le vote du budget intervienne rapidement, c'est-à-dire avant le début de la période de douze mois à laquelle il s'applique ; sinon, la paralysie de l'Etat est irrémédiable, avec tout ce qu'elle comporte : fonctionnaires non rétribués, contrats arrêtés, investissements suspendus, etc., parce que le Gouvernement

ne pourrait recouvrer aucune recette, ni effectuer aucune dépense.

Le droit budgétaire contemporain cherche à exprimer cette règle dans une limitation constitutionnelle du délai imparti au Parlement pour voter le budget, et dans un strict aménagement de la discussion budgétaire.

A) *Les délais de la discussion budgétaire* étaient traditionnellement fixés par les hommes politiques responsables d'assurer la continuité des services publics ; ils s'arrangeaient pour que l'examen du projet soit convenablement assuré dans un délai raisonnable. Mais il est bien évident que la durée de la discussion est liée aux rapports de force existant entre les acteurs : en Grande-Bretagne, où le Gouvernement est assuré de sa majorité, et où le droit d'amendement est très restreint, quelques jours suffisent à la discussion plénière par la Chambre des Communes, et sont surtout destinés à l'audition des députés de l'opposition ; grossièrement, toute la procédure est réalisée en moins de trois mois. En France, au contraire, il est arrivé bien souvent que le débat budgétaire débute assez tard dans l'année et traîne considérablement en longueur.

Les remèdes varient selon les cas : à titre préventif, un certain nombre de règles de droit politique précisent la durée de la session budgétaire ; en Italie, elle est de cinq mois, le projet de budget devant être déposé le 31 janvier, alors que l'exercice budgétaire commence le 1er juillet ; en Allemagne fédérale, en Belgique et aux Pays-Bas, elle est de trois mois ; en URSS et en France, elle est d'un peu plus de deux mois, en France : 70 jours.

Sur le plan pratique, cette limitation des délais pose alors quelques questions et soulève quelques difficultés.

Il s'agit, en premier lieu, d'aménager ces délais de discussion. La Constitution de 1958, dans son article 47, donne soixante-dix jours au Parlement pour se prononcer. On a pu alors s'inquiéter de la date du point de départ de ce délai ; doit-on prendre en considération le jour où le projet de loi, *stricto sensu*, est déposé par le Gouvernement, ou celui où l'ensemble du budget, avec toutes ses annexes, est mis à la disposition des parlementaires ? Jusqu'à présent, la seconde interprétation l'emporte.

Plus complexe est la question des navettes au cours des soixante-dix jours. Si, en effet, la discussion traîne en longueur à l'Assemblée nationale, le Sénat risque de ne pas pouvoir examiner le projet dans des conditions convenables ; l'article 47 a alors prévu que, en première lecture, l'Assemblée nationale dispose de quarante jours ; à défaut de vote positif au terme de ce délai, le Gouvernement saisit le Sénat du projet qu'il avait initialement présenté à l'Assemblée, « modifié le cas échéant par les amendements votés par l'Assemblée nationale et acceptés par lui ». Le Sénat dispose alors de quinze jours ; s'il ne se prononce pas avant ce terme, le Gouvernement saisit à nouveau l'Assemblée nationale du texte soumis au Sénat, « modifié le cas échéant par les amendements votés par le Sénat et acceptés par lui ». Au bout du compte, le rapport de compétences ne s'établit plus entre les deux Chambres ; c'est le Gouvernement qui est le maître du jeu, les Assemblées ne pouvant plus faire pression sur lui par des manœuvres dilatoires.

En effet, lorsque le projet n'est pas adopté avant le terme fatidique, la carence du Parlement ne gêne plus le Gouvernement et le fonctionnement des Pouvoirs publics. La Ve République remédie, mieux que ses devancières, à la versatilité parlementaire, mais dans des conditions qui sont proches de l'inacceptable, puisque le « marathon budgétaire » est devenu une épreuve de vitesse en même temps que d'endurance. Auparavant, faute de délai, elle n'était que d'endurance.

Sous la IIIe et la IVe République, on avait recours au formalisme et aux expédients. Formaliste, la tradition d'arrêter la pendule de la Chambre le 31 décembre avant minuit. Les expédients étaient les douzièmes provisoires : par un vote, le Parlement autorisait le Gouvernement à recouvrer les recettes dans les limites de celles qui avaient été votées l'année précédente, et à engager des dépenses pour un montant égal au douzième de celles de l'année précédente ; cette dernière autorisation devait être renouvelée éventuellement au 31 janvier, à la fin de février, etc. L'expédient était d'usage courant : entre 1878 et 1914, sur trente-sept années, il y en eut vingt-deux où il fallut y avoir recours ; on a compté, au cours d'une même année, jusqu'à dix — et une fois, douze — douzièmes provisoires. Entre 1946 et 1957, le budget n'a qu'une seule fois été voté dans les délais prescrits.

Dans la plupart des Etats, cette formule est améliorée : en Allemagne fédérale, par exemple, le Gouvernement est autorisé à procéder à tous les paiements nécessaires au maintien des institutions et à l'application des lois. L'article 47 de la Constitution française de 1958 est encore plus brutal : il autorise le Gouvernement à mettre le projet de budget en application par ordonnances ; à cet instant, le Parlement est totalement dessaisi. L'arme a un effet dissuasif certain : à ce jour, il n'a pas été utile d'y avoir recours car le Parlement de la Ve République, non sans grogne, a aménagé la discussion budgétaire de façon à la contenir dans les délais, sans doute un peu trop stricts dans un système bicaméral et multipartisan, qui lui sont assignés.

B) *L'aménagement de la discussion budgétaire.* — Le rapport des forces politiques, au sein des Assemblées parlementaires, détermine mieux que toutes les règles juridiques le rôle de chacun des acteurs de la discussion budgétaire.

C'est ainsi qu'il a pu être constaté que, sous la IIIe République, le rôle essentiel était détenu par la Commission des Finances, qui pouvait remplacer le projet gouvernemental par le sien propre. De la même manière, en Grande-Bretagne, tout le débat est organisé en vue de permettre au parti d'opposition de répondre au discours du chancelier de l'Echiquier et d'en appeler au peuple. Sous la Ve République, la coutume, plus que le droit budgétaire, donne la maîtrise de la discussion financière au couple Gouvernement-majorité, acteurs principaux qui disposent d'une « possibilité de faire » incontestable.

Dans cette représentation, on trouve quatre types d'acteurs essentiels : le Gouvernement, en premier lieu ; il est incarné aux moments forts du débat par son chef et surtout par le ministre du Budget : à ce dernier incombe la charge de défendre le budget en Commission et d'introduire la discussion générale ; c'est le Premier ministre qui détermine la tactique et qui regroupe ses troupes au sein de la majorité. Au sein des Commissions, le rôle primordial est tenu par le président de la Commission des Finances et par le rapporteur général, assisté des rapporteurs spéciaux et des rapporteurs pour avis ; on se souvient que le premier intervient pour « dire le droit » en matière d'amendements ; le rapporteur général, dans son rapport écrit comme dans sa présentation générale du projet, informe la masse des parlementaires non spécialistes ou inattentifs d'une manière plus pertinente que les documents d'origine gouvernementale ; par ailleurs, il porte un jugement d'ensemble sur le projet. Informant, il influence. Rapporteurs spéciaux de la Commission des Finances et rapporteurs pour avis des autres commissions permanentes « décortiquent le budget » de chaque ministère.

Le problème qui se pose à leur sujet concerne moins l'étendue de leur pouvoir d'investigation que leur « couleur » politique. Leurs attributions — quand il s'agit des rapporteurs de la Commission des Finances — sont celles du rapporteur général ; ils ont, chacun pour le budget qu'ils supervisent, des pouvoirs d'investigation sur place et sur pièces très étendus et il s'agit alors de savoir si un rapporteur issu des bancs de l'opposition peut avoir accès à des documents confidentiels. Les rapporteurs pour avis posent une question voisine, mais du même ordre : il apparaît souvent qu'ils expriment, dans leur exposé oral plus que dans le rapport écrit, le sentiment du groupe politique plutôt que celui de la commission dont ils sont membres. Dès lors, les commissions parlementaires, étant dans leur majorité composées de membres de la majorité, n'accordent à l'opposition qu'un rôle réduit et contesté.

On réservera une place à part, celle du commandeur, au président de l'Assemblée considérée : appelé à dire le droit, il intervient avec quelque solennité pour interpréter le droit budgétaire. Sous le contrôle du Conseil constitutionnel qui peut être amené à sanctionner les infractions commises aux règles de fond comme de procédure.

Restent, comme acteurs importants, les leaders politiques et les spécialistes. Au moment de la discussion générale, les chefs des différents partis expriment en termes généraux leur opinion face à la politique générale du Gouvernement, telle qu'ils l'interprètent à travers le budget. Lors des débats à caractère plus technique, les spécialistes interviennent face au ministre intéressé et devant un auditoire souvent clairsemé. On n'oubliera pas, enfin, les *Whips* ou les « boîtiers », qui se chargent d'exprimer le vote des absents.

En effet, les votes marquent la conclusion des débats ; leur aménagement fait alors l'objet d'une réglementation subtile.

On avait constaté, sous la IIIe République, que l'incohérence des débats était en grande partie provoquée par la multiplicité des votes ; on en relevait plus de trois mille ; nombre d'entre eux n'étaient guère significatifs.

Actuellement, en principe, les parlementaires se prononcent d'abord sur les recettes de la première partie de la loi de Finances ; pour les dépenses, ils interviennent d'abord par un vote unique sur les services votés du budget général ; les autorisations nouvelles sont ensuite adoptées par titres et, au sein de chaque titre, par ministère ; les dépenses des budgets annexes et des comptes spéciaux du Trésor font l'objet d'une procédure identique. En pratique, les parlementaires ne se prononcent sur les services votés qu'à la fin du débat pour d'évidentes raisons de courtoisie parlementaire, puisqu'ils représentent plus de 90 % des crédits sollicités et que leur adoption en début de la session budgétaire pourrait inciter le Gouvernement à laisser ensuite traîner le débat pour faire jouer les délais de l'article 47 ; les autorisations nouvelles font l'objet d'un vote par ministère, et, pour chaque ministère, d'un vote par titre. La tentative de regroupement des votes par catégories économiques a cédé devant la force de la tradition. Au total, on a quand même pu réduire le nombre de l'ensemble des votes à moins de deux cents.

Du même coup, les espoirs que le Gouvernement peut entretenir de voir son projet adopté sont augmentés d'autant. En effet, on peut poser comme principe que moins les parlementaires votent, plus le budget a de chances d'être adopté.

Ce principe est mis en œuvre par le droit politique de la Ve République :

— Le Gouvernement utilise d'abord le droit qui est le sien de demander un scrutin public lorsque le rapport de forces, tel qu'il apparaît dans une analyse « visuelle » de l'hémicycle, lui semble défavorable ; les débats sont longs, les élus se lassent et un certain absentéisme peut être constaté après minuit. Ou bien, dans un vote par assis et levés sur un fascicule délicat, certains députés de la majorité sont tentés de s'abstenir. La demande de scrutin public permet de ramener, par la grâce des « boîtiers », les moutons dans la bergerie... surtout ceux qui sont allés dormir ailleurs !

— Dans son article 44, la Constitution de 1958 autorise le Gouvernement à demander « à l'Assemblée saisie de se prononcer par un seul vote sur tout ou partie du texte en discussion en ne retenant que les amendements proposés ou acceptés » par lui. Il s'agit du « vote bloqué », dont on a pu dire qu'il réalise une question de confiance implicite, qui n'ose pas dire son nom ; en effet, le vote bloqué permet au Gouvernement de faire pression sur sa majorité, en la contraignant à se prononcer sur l'ensemble, après avoir évacué le texte qu'il lui soumet de tous les amendements que celle-ci espérait lui imposer. Cette arme est utilisée très fréquemment, tant à l'Assemblée nationale qu'au Sénat, avec une rare efficacité. La discipline de vote l'emporte sur les préoccupations électorales, et la satisfaction supposée des électeurs s'incline devant l'autorité gouvernementale. Le vote bloqué n'aboutit à des résultats négatifs qu'au Sénat, sans aucune incidence sur le maintien du Gouvernement au pouvoir.

— C'est également la Constitution qui, en aménageant la procédure de mise en jeu de la responsabilité politique du

Gouvernement, permet à ce dernier, quand il pose explicitement la question de confiance, de rameuter sa majorité ou, plus précisément, de jouer avec l'adage : « Qui ne dit mot consent. » En effet, l'alinéa 3 de l'article 49 prévoit que, lorsque le Premier ministre pose la question de confiance devant l'Assemblée nationale sur un texte, liant ainsi l'adoption du texte en discussion à son maintien au pouvoir, la confiance lui sera accordée et le texte sera considéré comme adopté si, dans un délai de quarante-huit heures, aucune motion de censure n'est déposée, discutée et votée ; c'est à l'opposition que revient la charge de la preuve, le soin de se compter majoritaire. Dès lors, en pratique, quand l'opposition ne se manifeste pas, ne dépose pas de motion de censure parce qu'elle ne perçoit pas de désertions prévisibles au sein de la majorité, on ne vote pas. Et nombre de textes financiers ont ainsi pu être adoptés sans vote formel, ce qui arrange tout le monde : le Gouvernement, car la discussion budgétaire est heureusement parvenue à son terme, l'opposition, qui peut toujours croire, et laisser croire, qu'elle est plus nombreuse qu'elle ne l'est en réalité, et les députés de la majorité marginale — les spécialistes du « oui, mais... » —, qui ont respecté la discipline de vote mais peuvent toujours dire à leurs électeurs mécontents devant leur feuille d'impôts : « Je n'ai pas voté ce budget ! » On conçoit naturellement que l'usage de l'article 49-3, prévu par le constituant pour aider un éventuel gouvernement minoritaire, soit plus fréquent dans les périodes où la majorité gouvernementale est fragile (1976-1981) ou très réduite (1988-1990).

3. **Les Chambres hautes et le budget.** — L'analyse de la discussion budgétaire risque alors d'amener à la conclusion qu'un Gouvernement assuré de sa majorité à la Chambre basse, est sûr de son fait : le budget sera voté. C'est pourquoi, on attache quelque intérêt à la présence d'une Chambre haute, considérée comme devant faire heureusement contrepoids à la première, dont elle peut toujours freiner les velléités.

Du point de vue de l'autorisation budgétaire, le système bicaméral pose une question importante, qui n'apparaît pas quand il s'agit du vote de la loi ; la seconde Chambre, qui n'est pas directement issue du suffrage universel, ou qui ne représente pas les citoyens-contribuables, peut-elle intervenir dans le débat budgétaire ? La réponse varie selon les cas, c'est-à-dire en fonction de l'atittude prise par les unes ou par les autres historiquement, compte tenu de leur recrutement. En Autriche et en Allemagne fédérale, le Conseil fédéral n'a pour ainsi dire d'autre pouvoir que celui d'en appeler au « souverain mal informé ». Au contraire, le Sénat italien exerce, en matière budgétaire, des compétences strictement identiques à celles de la Chambre des Députés ; l'égalité y est poussée à un tel point que les textes budgétaires sont soumis par moitié à chacune des deux assemblées, ceux qui sont soumis en premier lieu à la Chambre une année, étant présentés au Sénat l'année suivante et *vice versa*. Aux Etats-Unis, en URSS, le débat budgétaire place les deux Assemblées sur un pied d'égalité totale.

Mais, dans la majeure partie des cas, il apparaît que le principe bicaméral est tempéré par une prééminence de la Chambre populaire en matière financière. Cette attitude remonte au conflit qui a opposé, dans les premières années de ce siècle, la Chambre des Communes et la Chambre des Lords, au sein du Parlement britannique. Ce dernier étant considéré comme un modèle de libéralisme, le mimétisme constitutionnel a fait le reste ! Ainsi, sous la IIIe République, alors que le Sénat partageait totalement le pouvoir législatif avec la Chambre des Députés, une coutume était respectée en matière financière : en première lecture, les sénateurs ne s'opposaient au projet voté par les députés que s'il avait été adopté à une majorité étroite ou s'il était incohérent. En seconde lecture, le Sénat s'inclinait devant un vote incontestable de la Chambre.

La Constitution de 1958, et la pratique qui l'a suivie, s'inspirent de ce principe. Pour ce qui concerne le droit d'amendement, les sénateurs se trouvent dans la même situation que les députés. Ils votent le budget dans les mêmes conditions. L'inégalité dans laquelle ils se trouvent se manifeste seulement sur trois points :

— Conformément à la tradition, le projet de loi de Finances est transmis au Sénat après avoir été soumis, en première lecture, à l'Assemblée nationale ; on a vu que cette disposition n'est pas sans créer quelques difficultés à raison des délais constitutionnels de l'article 47. Il a fallu, alors, modifier en 1971 les termes de l'ordonnance organique du 2 janvier 1959, de façon à aménager, de façon plus raisonnable, les délais encore trop courts de discussion au Luxembourg : vingt jours sont accordés au Sénat si l'Assemblée nationale n'a pas épuisé le temps qui lui est imparti.

— Le débat budgétaire, pas plus que le débat législatif, ne saurait être l'occasion pour le Sénat de mettre en cause la responsabilité politique du Gouvernement. Un vote négatif de la Chambre haute ne saurait avoir les conséquences qu'il emporte à l'Assemblée nationale.

— La règle admise sous la Ve République, mais abandonnée — provisoirement ? — en 1985, reprend une tradition instaurée dès les premières années de la IIIe, selon laquelle le Sénat ne doit pas s'opposer systématiquement à un projet de budget adopté sans réserve par la Chambre basse.

Mais la formule juridique inventée en 1958 s'intègre surtout dans le souci de rendre le Gouvernement maître du débat parlementaire. Il s'agit de la Commission mixte paritaire, prévue à l'article 45 de la Constitution, formule qui permet au Gouvernement, s'appuyant sur l'Assemblée nationale, de passer outre l'opposition du Sénat au projet de budget — comme à tout projet de loi.

L'idée est la suivante : la loi n'est parfaite que si elle est votée par les deux Chambres en termes identiques, ce qui implique une navette entre l'Assemblée et le Sénat ; cette navette peut durer indéfiniment, tant que subsiste le moindre désaccord. Mais le Gouvernement, s'il le juge utile, peut intervenir afin de mettre un terme à la navette. Pour ce faire, il lui suffit de provoquer la réunion de la Commission mixte paritaire, au terme de la première lecture par chacune des Chambres. La Commission examine tous les articles du projet sur lesquels existe un désaccord et cherche un compromis, dans la réalisation duquel, en principe, le Gouvernement n'intervient pas.

Si la Commission mixte n'aboutit pas à un accord, le débat reprend devant l'Assemblée nationale ; au terme d'une navette supplémentaire, si le désaccord entre les Chambres persiste, l'Assemblée nationale statue définitivement. Si la Commission mixte aboutit à un texte transactionnel, celui-ci est adressé aux deux Assemblées ; il est prévu qu'aucun amendement parlementaire n'est plus recevable, sauf accord du Gouvernement ; celui-ci, au contraire, peut demander l'amendement du compromis (qui ne peut donc pas lui être imposé). Si les deux Chambres ratifient le texte de la Commission mixte, le budget est adopté. Si le Sénat ne « suit » pas, l'Assemblée est appelée à statuer définitivement.

En pratique, on constate que la Commission mixte paritaire permet au Gouvernement de faire adopter le budget par la seule Assemblée nationale, où il est, quant à présent, assuré d'une majorité disciplinée.

En fin de compte, il peut sembler que l'intervention du Parlement n'a guère d'incidence sur le contenu du budget, au moins quand on en examine la masse globale. Pour 1978, le Parlement a pu augmenter les ressources de 307 millions et accroître les dépenses de 321 millions. Un long débat a abouti à porter le déficit de 8 900 à 8 914 millions ; l'intervention du législateur a donc porté sur 14 millions, qui ne représentaient qu'une infime partie du total des charges prévues par le projet gouvernemental. Pour 1986, le changement de politique, de Président de la République, de majorité parlementaire aboutit au même résultat : les amendements au projet ne portent que sur 0,14 % du total des charges. En 1990, année de continuité gouvernementale, les amendements adoptés représentent 0,004 % du total du budget !

Avec Pierre Lalumière, on est alors tenté de poser la question : « Les débats budgétaires ont-ils encore un sens ? »

CHAPITRE IV

L'EXÉCUTION DU BUDGET

Une fois qu'il a été voté et promulgué au *Journal officiel* comme une loi de la République, le budget doit être exécuté, c'est-à-dire que les recettes doivent être perçues, tandis que les dépenses doivent être engagées. A cet instant, les autorités gouvernementales et administratives reviennent sur le devant de la scène. Le problème essentiel qui se pose alors est celui de savoir quelle est l'étendue des compétences des agents d'exécution ; il s'agit, en effet, de concilier des impératifs souvent antagonistes : le respect de l'autorisation parlementaire et l'élémentaire liberté des administrateurs, condition nécessaire de leur efficacité. En fait, cet antagonisme de principe se double de la tendance qu'éprouvent les autorités administratives, jalouses de leur indépendance, à ne pas se conformer aux directives du législateur. A ce premier problème s'ajoute celui des incidences financières et monétaires de l'opération budgétaire : l'exécution du budget doit être harmonisée avec le rythme général de l'activité économique. L'étude des agents et des procédures d'exécution du budget fait alors apparaître la prise en considération de ces préoccupations.

I. — Les agents de l'exécution du budget

Le Gouvernement, par des interventions de nature souvent politique, les ordonnateurs et les comptables, par des mesures d'ordre administratif, sont les agents essentiels de l'exécution administrative du budget. Le Trésor en assure la réalisation économique.

1. **Le Gouvernement.** — En ce qui concerne les recettes, l'autorisation parlementaire s'affirme chaque année dans l'article 1er, § 1 du budget :

« Sous réserve des dispositions de la présente loi, continueront d'être opérées pendant l'année 19.., conformément aux dispositions législatives et réglementaires :

« 1° La perception des impôts, produits et revenus affectés à l'Etat ;

« 2° La perception des impôts, produits et revenus affectés aux collectivités territoriales, aux établissements publics et organismes divers dûment habilités.

« Toutes contributions, directes ou indirectes, autres que celles qui sont autorisées par les lois, ordonnances et décrets en vigueur, par la présente loi, à titre quelconque et sous quelque dénomination qu'elles se perçoivent, sont formellement interdites. »

Le Gouvernement ne peut pas percevoir d'autres recettes que celles qui sont formellement autorisées, mais il est obligé de les percevoir toutes. L'autorisation de recettes fiscales n'est pas une *permission* mais une *obligation*. Dans un domaine voisin, celui de la parafiscalité, le Gouvernement, appuyé par le Conseil constitutionnel, a réussi à s'affranchir en partie des contraintes parlementaires. L'autorisation de percevoir la taxe parafiscale reste du domaine parlementaire, mais le pouvoir de modifier les taux et d'en percevoir les nouveaux produits revient au Gouvernement. On peut se demander alors ce qu'il reste de cette autorisation si, note le doyen Trotabas, « au lendemain du jour où elle a été donnée, le Gouvernement est libre d'établir les taxes à des taux différents de ceux qui ont été autorisés ».

En ce qui concerne les dépenses, la liberté d'action du Gouvernement est beaucoup plus grande : elle s'appuie sur des textes mais aussi sur des pratiques conventionnelles, car en matière budgétaire, plus que dans d'autres secteurs, l'action du Parlement et du Gouvernement sont complémentaires, le cadre de cette collaboration étant fixé par la Constitution. En réalité, le pouvoir réglementaire réside surtout dans un pacte tacite entre le Parlement et le Gouvernement.

A) C'est le cas des *décrets de répartition*. — L'autorisation législative est globale. La phase réglementaire consiste dans la prise de décrets — par le Gouvernement — portant répartition par chapitre des crédits votés par le Parlement.

On aurait pu penser que ce dernier, en votant le budget par grandes masses, laissait au Gouvernement la libre répartition des crédits au sein d'une enveloppe donnée. Il n'en est rien : « Les décrets de répartition ne peuvent apporter aux chapitres ou comptes, par rapport aux dotations de l'année précédente, que des modifications proposées par le Gouvernement dans les annexes explicatives, compte tenu des votes du Parlement » (art. 44 de l'ordonnance du 2 janvier 1959). Dès lors, nous sommes devant une situation paradoxale : ou les annexes ont une valeur juridique et la publication des décrets de répartition ne se justifie pas, car la loi de Finances est exécutoire, ou elles n'ont aucune valeur juridique et le Gouvernement n'est plus lié pour opérer la répartition des crédits. La pratique est moins tranchée ; l'ambiguïté de l'article 44 penche, en effet, en faveur d'une certaine liberté du Gouvernement. Mais ce dernier s'est toujours déclaré lié par les annexes. Les décrets de répartition officialisent alors la distribution des crédits telle qu'elle est opérée au sein des annexes bleues.

B) Le Gouvernement peut, par *décrets d'avances*, dépasser le montant des crédits autorisés par le Parlement. Ces dépassements peuvent s'analyser comme des corrections à apporter aux prévisions budgétaires quand surviennent des événements imprévus ou imprévisibles, comme l'éruption d'un volcan à la Guadeloupe ou de catastrophiques inondations dans le Gers.

Ce pouvoir d'engager des dépenses en dehors de celles que prévoit le budget est nécessaire pour assurer la continuité de la vie nationale. Mais, pour éviter que le Gouvernement n'abuse d'une telle faculté, les cas d'utilisation des décrets d'avances sont soumis à un régime sévère. Leur naissance remonte à la première guerre mondiale ; en 1914, ils permirent de faire face aux premières dépenses de guerre. Mais une telle commodité ne fut pas abandonnée avec l'armistice et sous les IIIe et IVe Républiques son utilisation fut quelque peu anarchique. L'ordonnance organique du 2 janvier 1959 a voulu rationaliser la pratique des décrets d'avances en prévoyant les hypothèses où le Gouvernement pourrait les prendre. Elles sont principalement au nombre de deux : la première concerne les cas d'urgence simple. Les crédits ouverts par les décrets d'avances ne doivent pas, en ce cas, remettre en cause l'équilibre budgétaire ; la seconde hypothèse concerne les cas « d'urgence et de nécessité impérieuse d'intérêt national » (ainsi, en 1974, une élection présidentielle imprévue a nécessité le déblocage de 76 millions de francs). Dans cette conjoncture plus pressante, l'équilibre du budget peut être remis en cause ; en tout cas, la ratification parlementaire doit être obtenue dans les plus brefs délais.

La pratique des décrets d'avances est nécessaire au bon fonctionnement de l'Etat. Mais, aujourd'hui comme auparavant, le Gouvernement a quelquefois tendance à y avoir recours pour forcer la main des parlementaires. Cela s'est produit quand, dans une conjoncture politique difficile, le Parlement risquait de demander des explications sur telle ou telle politique. En effet, il est impossible à un Parlement de ne pas ratifier les crédits engagés par le Gouvernement ; ce dernier préfère alors prendre des décrets d'avance pour mettre ensuite le Parlement devant le fait accompli par le biais d'une loi de finances rectificative.

C) Le Gouvernement répartit librement les *crédits optionnels* qui comprennent les *crédits globaux* — dont on a déjà vu qu'ils constituent une entorse au principe budgétaire de spécialité (1) — auxquels il faut ajouter les crédits parfois affectés au *Fonds d'action conjoncturelle.* L'idée poursuivie, qui vient de Suède et d'Allemagne fédérale, est de permettre au Gouvernement de « maintenir la ligne d'horizon de l'équilibre budgétaire » tout en assurant les ajustements rendus nécessaires par l'évolution de la conjoncture. Les crédits de ce fonds sont ouverts sous la forme d'autorisations de programme mises à la disposition de certains ministres, susceptibles d'être utilisées par les bénéficiaires au moment jugé opportun et après consultation des commissions des Finances du Parlement. L'intérêt de la formule — qui a d'irréductibles adversaires chez les défenseurs pointilleux des compétences parlementaires — est de permettre au Gouvernement de participer à la relance économique par une politique d'investissements publics.

2. **Les ordonnateurs et les comptables.** — L'exécution du budget est assurée par deux catégories de fonctionnaires, séparées mais complémentaires :

(1) Cf. *supra*, p. 61.

les ordonnateurs et les comptables. L'ordonnateur prépare l'exécution de la recette ou de la dépense jusqu'au moment où il donne l'ordre d'encaisser ou de payer. Le comptable intervient au moment où cette injonction lui est donnée, pour recevoir ou donner de l'argent et ainsi parachever l'exécution du budget. Le dualisme d'agents chargés de l'exécution entraîne évidemment une lenteur, un manque de coordination dans la gestion des finances publiques. Mais la décomposition de l'exécution en deux temps s'appuie sur d'autres considérations qui mettent en avant la sécurité — ou ce qu'on croit telle — dans la gestion des deniers publics au détriment de l'efficacité. La séparation des ordonnateurs et des comptables est, en effet, motivée par un souci de contrôle. Dans la réalité matérielle qui découle de cette règle, les ordonnateurs pourront contrôler les comptables et *vice versa*. Si malversation il y a, elle exigera la connivence d'au moins deux individus. Une autre raison peut s'y ajouter, qui est d'ailleurs actuellement plus la conséquence que la cause de cette règle : elle est d'ordre psychologique. Les ordonnateurs agissent dans le domaine de l'opportunité, les comptables dans celui de la régularité. Grossièrement, on dira que l'opportunité, c'est un peu la liberté, la régularité étant un peu la contrainte.

Ce principe est ancien, et on ne s'étonnera pas,

Ainsi, imaginons qu'un ordonnateur trouve inscrit dans le budget de son ministère une certaine somme sous la rubrique : « Renouvellement du parc automobile. » Il pourra, selon les nécessités, changer ou non les voitures de son ministère. Il n'y a aucune obligation de dépenser. Il pourra ensuite choisir le modèle de voiture le plus approprié à la fonction recherchée. Mais, en aucun cas, il ne pourra violer les règles de la comptabilité, c'est-à-dire, par exemple, acheter des voitures à crédit. Il doit respecter un ensemble de règles et le comptable vérifie si les procédures ont été suivies.

alors, que le décret du 29 décembre 1962 reprenne presque mot pour mot celui du 3 mai 1862 et affirme : « Les fonctions d'ordonnateur et celles de comptable sont incompatibles. » Mais on peut se demander si, à l'heure d'une rationalisation des choix budgétaires, cette règle séculaire se justifie encore. Contre son maintien, on relèvera en premier lieu que, dans l'optique d'un budget fonctionnel, cette séparation serait aussi coûteuse qu'inutile. Le fonctionnaire doit désormais dans son action atteindre certains buts, et cette obligation de résultat devient dominante. Le contrôle *a priori*, par sa lenteur, risquerait de gêner la réalisation de l'objectif ; sa suppression n'exclurait pas un contrôle en cours de gestion.

Une autre raison peut être invoquée, qui est relative aux procédures : l'unification de la dépense ou de la recette, grâce à une gestion par ordinateur, supprimera les phases d'exécution correspondant aux deux catégories d'agents. Une bonne programmation de la machine exclut en principe toute possibilité d'erreur, et l'homme est dépossédé de ses fonctions mécaniques où se situait généralement la fraude. Il faudra imaginer d'autres contrôles, comme celui, délicat, des programmeurs.

Mais on n'en est pas encore là ; ordonnateurs et comptables restent encore statutairement séparés.

A) *Les ordonnateurs.* — On considère comme ordonnateur public de recette ou de dépense « toute personne ayant qualité au nom de l'Etat, d'une collectivité ou d'un établissement public, pour contracter, constater, liquider une créance ou une dette, ou encore pour ordonner soit le recouvrement d'une créance, soit le paiement d'une dette ».

En d'autres termes, l'ordonnateur est la personne qui, à la tête de chaque service, a le pouvoir de faire naître la dépense dans la limite de l'autorisation budgétaire. Ce pouvoir lui permet de décider si la dépense doit naître ou non, et, dans l'affirmative, à quel moment il convient de la réaliser.

Les ordonnateurs sont constitués d'abord et avant tout par les ministres, qui sont les ordonnateurs principaux des recettes et des dépenses. Mais, bien évidemment, un ministre n'a matériellement pas la possibilité de faire naître toutes les dépenses et toutes les recettes dans son ministère. Il est alors aidé par des ordonnateurs secondaires, dont les pouvoirs sont territorialement limités et quantitativement fixés.

En réponse à la liberté qui leur est accordée, les ordonnateurs sont soumis à un régime de responsabilité qui en est le corollaire. Cette responsabilité est mise en cause quand ils ne respectent pas les limites que leur impose le budget. Elle est difficile à mettre en jeu car, d'une part il n'y a aucune commune mesure entre les crédits dont dispose le ministre et ses possibilités pécuniaires de réparation, et d'autre part parce qu'il est très difficile de distinguer la faute personnelle de l'agent public de la faute du service : la violation des formalités s'effectue presque toujours dans l'intérêt du service en cause.

Néanmoins, les textes ont prévu une triple responsabilité : politique, civile et pénale. La responsabilité politique est la plus importante. En effet, en cas de dépassement des crédits par le ministre-ordonnateur, si sa responsabilité est mise en cause, il peut soit démissionner seul, soit entraîner la chute du gouvernement en faisant jouer la solidarité gouvernementale. Les hypothèses sont évidemment rarissimes.

La responsabilité civile doit aboutir au remboursement sur le patrimoine du ministre de tous les crédits irrégulièrement engagés. De très nombreux textes ont prévu cette responsabilité mais les cas où elle a été mise en jeu sont également rarissimes : le plus fameux est l'achat pour la somme de 179 000 F d'une salle à manger par Peyronet, ministre de la Justice de Charles X. Cette dépense fut engagée sans crédits, et le roi dut venir au secours de son ministre en payant ce mobilier sur sa cassette personnelle. La responsabilité civile reste donc lettre morte.

La responsabilité pénale peut être mise en jeu dans les cas de malversations graves. En fait, l'importance de la malveillance constitutive du délit et la lourdeur de la procédure mettent pratiquement les ministres à l'abri d'une telle responsabilité.

Les ordonnateurs secondaires, de leur côté, sont également soumis à une triple responsabilité : civile, pénale et disciplinaire. Pour les deux premières, les écueils sont pratiquement les mêmes que pour la responsabilité des ministres. En revanche, leur responsabilité disciplinaire est plus souvent mise en œuvre. C'est même la seule qui présente quelque efficacité.

B) *Les comptables.* — La dépense, comme la recette publique, ne saurait être achevée par la seule action des ordonnateurs. Les comptables vont procéder à l'acte final.

La loi donne, de ces agents, la définition suivante : « Est comptable tout fonctionnaire ou agent ayant qualité pour exécuter au nom de l'Etat, d'une collectivité ou d'un établissement public, les opérations de recettes ou de maniement des titres, soit au moyen de fonds ou de valeurs dont il a la garde, soit par virement interne d'écriture, soit encore par l'intermédiaire d'autres comptables publics ou de comptes externes de disponibilités dont il ordonne ou surveille les mouvements. »

Plus simplement, les comptables ont la responsabilité matérielle des deniers publics. Ils prennent en charge le recouvrement des recettes, paient les dépenses, gardent les titres et valeurs des organismes publics et tiennent une comptabilité de toutes ces opérations.

On retient comme catégories de comptables — en dehors des comptables-matières qui gèrent des denrées et non des deniers — les comptables directs du Trésor et les comptables spéciaux.

Les comptables du Trésor constituent un corps hiérarchisé de comptables principaux et de comptables secondaires, placé sous l'autorité du ministre des Finances, soit environ 30 000 agents. Dans chaque département le comptable principal est le trésorier payeur général, qui était autrefois un ancien banquier ; en souvenir de son ancien statut, ce haut fonctionnaire bénéficie, en plus de son traitement, de commissions sur les opérations financières qu'il réalise.

Les comptables secondaires, placés sous l'autorité du trésorier-payeur général, sont des receveurs des finances et des percepteurs. Si la responsabilité des comptables est très rigoureuse c'est, comme on l'écrit très souvent, afin d'éviter toute tentation à celui qui est appelé à manipuler des sommes qui sont sans aucune mesure avec le montant de son traitement mais aussi pour lui imposer une vigilance d'où toute possibilité d'erreur est exclue. La responsabilité du comptable public est automatique : il est personnellement et pécuniairement responsable des opérations et de la conservation des deniers publics, sauf en cas de force majeure ou de dérogation : c'est ainsi que, pour les recettes, la responsabilité du comptable se trouve dégagée quand il est en présence d'un débiteur insolvable et qu'il a bénéficié d'une remise.

Pour assurer la protection des deniers de l'Etat, le comptable avant d'entrer en fonctions, est tenu de constituer des garanties : un cautionnement au moment de la prise en charge, une hypothèque sur ses immeubles, un privilège sur ses meubles. Cette perspective présentait peu d'intérêt pour ceux qui allaient tirer un revenu modeste de fonctions parfois très lourdes ; c'est pourquoi, afin de démocratiser la profession, Caillaux a remplacé le cautionnement par une affiliation à une société de cautionnement mutuel, ce qui permet à des fonctionnaires ne disposant pas de capital d'entrer en fonctions.

3. **Le Trésor.** — Le doyen Trotabas écrit : « Le Trésor public présente cette originalité majeure de ne pas exister. » C'est vrai, et pourtant, sans le Trésor, l'exécution du budget ne pourrait s'effectuer. Le Trésor constitue, en effet, une des principales institutions financières, et repose sur une série de règles dégagées et aménagées depuis l'Empire et la Restauration. Aussi est-il très difficile d'en donner une définition. On peut l'envisager sous son aspect organique : c'est « l'ensemble des services financiers de l'Etat liés entre eux par une unité de caisse ». Ce service public de l'Etat est plus simplement une direction du ministère de l'Economie et des Finances. Mais le Trésor assure des activités multiples ; envisagé sous son aspect fonctionnel, il gère la trésorerie de l'Etat et des collectivités publiques, il coordonne les interventions de l'Etat dans le secteur public et privé.

Le Trésor est constitué à la fois d'organes centraux de conception et d'organes d'exécution : les comptables du Trésor.

Sous l'autorité du ministre, le directeur du Trésor

en coiffe la Direction, une des plus importantes du ministère. Depuis 1965, cette direction comprend trois services : le premier a pour mission de suivre l'évolution du compte du Trésor à la Banque de France et ses relations avec tous les correspondants du Trésor ; c'est le plus important. Le second s'occupe des problèmes de crédit et du marché financier. Le dernier a compétence sur les questions monétaires internationales. Au stade de l'exécution, les comptables du Trésor, répartis sur l'ensemble du territoire et dans divers établissements publics, sont réunis entre eux par « l'unité de caisse ».

Mais le Trésor présente un aspect plus intéressant si on l'aborde par celui de ses activités : « Entre la Direction du Budget, qui détermine les dépenses inévitables, et la Direction des Impôts, qui assure des recettes insuffisantes, le Trésor a la charge de combler le « trou » en ajustant celles-ci à celles-là » écrit justement le doyen Trotabas.

En effet, il est facile d'imaginer qu'il existe un décalage entre les dépenses que l'Etat doit effectuer à un moment donné sur un point quelconque du territoire et les recettes encaissées à un autre moment ou dans un autre coin du pays. Le Trésor, comme un cœur dans la circulation sanguine, doit régulariser dans le temps et dans l'espace le flux des entrées et des sorties d'argent. On peut dire en schématisant que le rôle du Trésor est de procéder aux ajustements entre les recettes et les dépenses.

A) *Le Trésor procède d'abord à un ajustement global des recettes aux dépenses.* — C'est ce qu'il réalise grâce à son *compte courant* alimenté par ses comptables, ses correspondants, et ses emprunts. Le Trésor assure toutes les dépenses inscrites au budget, et la grande question, pour l'Etat, est d'honorer ces dépenses. Les recettes sont réalisées normalement par les comptables du Trésor sous la forme de monnaie de banque, de virements ou de chèques bancaires : les contribuables s'acquittent de leurs dettes envers l'Etat, d'autres recettes proviennent du domaine (il y en a peu) ou de la Loterie nationale (c'est moins moral mais plus rentable). Elles sont toutes encaissées et enregistrées par les comptables qui les versent au compte courant du Trésor dont dispose chaque trésorier-payeur général à la Banque de France et où seules sont soldées quotidiennement toutes les opérations. Ces dernières sont à leur tour centralisées à un compte courant unique du Trésor à la Banque de France à Paris ; ainsi se retrouve l'unité de caisse qui donne au Trésor sa cohésion. La position de ce compte du Trésor est le baromètre de la situation budgétaire et financière de l'Etat. La publication de la situation quotidienne, hebdomadaire et mensuelle de la Banque de France est un moyen d'information pour les responsables de l'exécution du budget, ainsi que pour l'opinion publique. C'est également un moyen de prévision pour les dispositions à prendre : en effet les seules ressources fiscales sont insuffisantes pour couvrir les dépenses.

Pour rétablir l'équilibre du solde, le Trésor dispose également des dépôts de fonds volontaires ou obligatoires des *correspondants du Trésor*. Ces correspondants sont d'abord les collectivités locales, départements et communes et les établissements publics, mais de plus en plus également des organismes publics ou semi-publics comme le service des chèques postaux, les caisses de Sécurité sociale et surtout la Caisse des dépôts et consignations. La masse des dépôts provenant des correspondants n'a cessé de croître au cours de ces dernières années. Cette masse constitue la dette à vue du Trésor : si les correspondants sont obligés parfois de déposer leurs fonds, ils peuvent les retirer en fonction de leurs besoins ; c'est le solde excédentaire que le Trésor utilise.

Le Trésor peut aussi s'endetter : il émet des *emprunts publics* à moyen et court terme. Chaque année un article du budget permet au Gouvernement d'émettre des emprunts pour se procurer les ressources nécessaires au financement de dépenses exceptionnelles. Mais, plus couramment, le Trésor attire des liquidités nouvelles par l'émission de bons qui prennent tout naturellement le nom de bons du Trésor. Cette pratique remonte à la Restauration mais s'est développée pendant la première guerre mondiale avec les bons de la Défense nationale. Ainsi le contribuable pouvait-il faire un effort supplémentaire en transformant son épargne en bons du Trésor. Depuis cette date coexistent deux types de bons du Trésor : les bons en compte courant et les bons sur formule. Les premiers sont émis à court terme, généralement auprès des banques ; les seconds sont émis à un taux fixe, unifié depuis 1968. Le ministre de l'Economie est autorisé à effectuer toutes les émissions nécessaires « pour couvrir l'ensemble des charges de la Trésorerie ». C'est évidemment un instrument de politique budgétaire et économique entre ses mains.

Quand toutes les possibilités précédentes sont épuisées, et qu'il lui reste néanmoins à faire face à des dépenses, le ministre des Finances peut recourir aux avances de la Banque de France.

A cet instant, le Trésor va demander à la Banque de France d'émettre de la monnaie et de la lui prêter sans contrepartie. Une convention lie alors le ministre des Finances à la Banque de France qui, bien que nationalisée, constitue un établissement distinct ; le législateur doit ensuite approuver cette convention. Il est évident que le Trésor a recours à une telle procédure quand la gestion de la Trésorerie connaît des difficultés certaines. Il est non moins évident que le recours aux avances de la Banque de France et la mise dans le circuit monétaire de monnaie nouvelle entraînent une inflation plus ou moins galopante. Aussi le gouverneur de la Banque de France est-il en droit de juger de l'opportunité d'accorder une telle avance. Il le fait généralement en fonction de la qualité et de la compétence que présente le Gouvernement dans la gestion des fonds publics. Dans presque toutes les hypothèses l'avance est accordée, mais il peut arriver qu'elle soit refusée : le Président Edgar Faure en fit la triste expérience en février 1952 — Crédit était mort !

Ainsi, face aux dépenses de l'Etat, le Trésor assure-t-il globalement les ressources. Il est ainsi amené à assurer des opérations budgétaires qui consistent à financer les dépenses permanentes de l'Etat, mais également à assurer des opérations de Trésorerie comme l'amortissement de la dette publique et éventuellement le découvert budgétaire.

B) *L'ajustement des dépenses aux recettes dans l'espace.* — Face aux dépenses qu'il doit effectuer, le Trésor se trouve en présence de recettes équivalentes. Il lui reste à faire face à la dispersion des postes comptables sur l'ensemble du territoire, car les recettes ne sont pas nécessairement prévues à l'endroit précis où les dépenses doivent être effectuées. Le Trésor doit donc ajuster dans l'espace les recettes aux dépenses. Actuellement cet équilibre est obtenu par un jeu d'écritures entre les différents comptes des comptables reliés au compte courant de la Banque de France ainsi que par les comptes de chèques postaux. Le temps n'est plus où le transport matériel des fonds s'effectuait par diligence !

C) *L'ajustement des recettes aux dépenses dans le temps est un peu plus délicat.* — Le décalage naît d'abord de la différence entre la gestion stricte et la « gestion améliorée ». Dans la gestion stricte, tous les comptes sont arrêtés le 31 décembre. Or, avec le système de la « gestion améliorée », certaines dépenses sont effectuées au-delà du 31 décembre et jusqu'au dernier jour de février de l'année suivante. Le Trésor effectue la jonction entre ces deux dates. D'autre part, les dépenses de l'Etat s'effectuent massivement en début d'année alors que les rentrées fiscales, sources essentielles de recettes, n'ont lieu qu'en fin d'année. Le Trésor doit équilibrer les recettes et les dépenses ; il y est aidé par les réformes déjà réalisées ou actuellement envisagées, qui consistent à faire entrer l'argent régulièrement dans les caisses de l'Etat (mensualisation du versement de l'IRPP, régime de la TVA) et non par à-coups comme c'est encore le cas actuellement.

Objet de mystère, personne irréelle, le Trésor demeure la pièce maîtresse de l'exécution budgétaire. Et son découvert est à la mesure de sa mission, comme il est un indicateur de la situation économique générale : en 1988, la somme portée en augmentation des découverts du Trésor était de 126 297 millions (pour un déficit prévisionnel de près de 107 millions).

II. — Les procédures d'exécution du budget

La procédure d'exécution du budget est soumise à l'ensemble des règles de la comptabilité publique. Axées à l'origine sur les encaissements et les décaissements de deniers publics, c'est-à-dire la caisse, elles s'appliquent depuis le début du XXe siècle à l'ensemble des opérations effectuées par les ordonnateurs et les comptables publics. Ces règles sont valables pour tous les organismes publics : l'Etat, les collectivités territoriales, les établissements publics nationaux ou locaux.

La multiplication des règles juridiques qui se sont ainsi développées a abouti à un « corset de règles financières », qui n'est pas fait pour faciliter les entrées et sorties de deniers publics. Divisées en phases nettement distinctes, soumises chacune à des règles tatillonnes, confiées à des agents soigneusement séparés, les dépenses et les recettes publiques connaissent un long cheminement entre le moment où elles sont autorisées et celui où elles sont exécutées. Il a pu être ainsi constaté que la succession des opérations nécessaires à une dépense de matériel se décomposait en vingt-six opérations !

Ce système complexe aboutit en pratique à des états de tension au sein de l'administration. En effet, si le formalisme juridique n'est pas respecté, la bonne gestion des deniers publics risque d'être compromise, les possibilités de contrôle étant insuffisantes. Mais, en sens inverse, un trop grand formalisme décourage ou paralyse ceux qui ont la charge d'exécuter le budget. Le point d'équilibre est difficile à obtenir, d'autant que les parties en présence se livrent à une surenchère contestable. Au nom de la rationalité, garant de la bonne gestion et du bon contrôle des deniers publics, le ministère du Budget multiplie les dispositions juridiques. Au nom du refus de l'absurdité et de la recherche d'une plus grande efficacité, les administrateurs tentent de se soustraire au joug des règles financières. A ce petit jeu, les finances publiques ne sortent pas gagnantes. De la « combine » à l'illégalité, en passant par le détournement dans l'intérêt du service, le manège des administrateurs est trop connu pour que l'on s'y arrête longuement. Faut-il à ces irrégularités répliquer par des règlements nouveaux ? En sens inverse, l'absence de règles ne risque-t-elle pas de conduire à l'anarchie des services ? Le rapport autonomie-centralisation est instable et il y a longtemps que l'on enseigne que trop d'autonomie conduit à l'anarchie, que trop de centralisation provoque la paralysie. Une des solutions possibles peut passer par une responsabilité totale des exécutants principaux, dégagée de règles strictes, mais soumise à des sanctions rigoureuses. C'est peut-être la solution qu'entraînera une refonte du budget dans la voie de la rationalisation des choix budgétaires.

La distinction entre dépenses et recettes est nécessaire pour suivre la procédure d'exécution du budget.

1. **L'exécution de la dépense publique.** — Elle va s'effectuer en deux temps et quatre mouvements :

A) *Le premier temps* est administratif ; il comporte l'engagement, la liquidation, l'ordonnancement de la dépense :

a) *L'engagement* est « l'acte par lequel un organisme public crée ou constate à son encontre une obligation de laquelle résultera une charge ». Il est donc le fait générateur de la dépense ; c'est l'acte qui va rendre l'Etat débiteur. Cet acte peut prendre les formes les plus variées : décret, arrêté, contrat et même quelquefois la forme législative quand le Parlement décide de verser une pension à un serviteur de l'Etat. L'administrateur qui engage les deniers publics se soumet ainsi à une stricte légalité. Il ne peut nommer un fonctionnaire dans un emploi qui n'est pas budgétairement prévu (en revanche, si le poste existe, il reste libre de le pourvoir).

b) *La liquidation* est l'acte qui évalue le montant précis de la dépense. Elle a pour objet de vérifier la réalité de la dette et d'arrêter le montant de la dépense. La règle essentielle est celle du service fait. La constatation et le calcul du montant de la dette s'effectuent sur la base des pièces justificatives qui témoignent de la réalité du service fait et des droits des créanciers. Aucune dépense ne peut être réglée sans une vérification minutieuse de l'exécution réelle des obligations du créancier de l'Etat. Cette règle, destinée à protéger l'Etat contre une mauvaise exécution éventuelle des obligations de ses créanciers, est une source de retard considérable. En particulier, lors de travaux effectués pour le compte de l'Etat, les entreprises sont obligées de faire la preuve de leur bonne réalisation avant de prétendre à un règlement quelconque.

c) *L'ordonnancement* est « l'acte administratif donnant conformément aux résultats de la liquidation l'ordre de payer la dette de l'organisme public ». L'ordonnancement est l'ordre de payer donné par l'ordonnateur au comptable. Il se matérialise par un titre remis au créancier lui permettant d'obtenir le paiement de sa créance.

Terme de la phase administrative, l'ordonnancement est un acte important qui est soumis au visa du contrôleur financier. Celui-ci vérifie si les dépenses ainsi ordonnancées correspondent bien à des imputations budgétaires. En cas de refus de visa, la dépense ne sera pas payée, sauf pour l'ordonnateur à recourir au ministre des Finances.

Depuis quelques années, cette procédure a été l'objet de nombreux aménagements, par suite de l'accroissement du nombre des ordonnateurs secondaires. Ces derniers, dans le cadre d'une politique de déconcentration, sont habilités à ordonnancer les dépenses publiques dans des limites géographiques déterminées et selon un plafond fixé. Cette politique est destinée à faciliter l'exécution de la dépense en évitant « les remontées vers Paris ». Depuis 1961, des expériences, qui tendent à se généraliser, consistent à supprimer l'ordonnancement. Elles sont valables pour les dépenses dont le montant est stable et qui doivent s'effectuer avec une certaine périodicité. C'est le cas des traitements des fonctionnaires. Il convient alors pour le service financier de disposer de moyens mécanographiques importants, incluant des ordinateurs. Toutes les dépenses d'un même département ou d'une même région sont ainsi automatiquement ordonnancées. *L'ordinateur a remplacé l'ordonnateur.* On imagine sans mal que les règles du contrôle doivent alors être révisées, car, si l'ordinateur ne se trompe jamais, les informations qui lui sont fournies peuvent, elles, être erronées. Il sera alors peut-être nécessaire de remplacer bientôt le visa du contrôleur financier par des contrôles tout simplement techniques, la machine pouvant parfaitement rejeter toutes les dépenses qui ne sont pas prévues dans le budget.

L'ordonnancement est le dernier acte administratif qui ouvre la voie à la phase comptable.

B) *Le deuxième temps est réalisé au cours de la phase comptable*, qui ne comprend que le *paiement*. Ce dernier est l'acte par lequel l'organisme public se libère de sa dette. Effectué par le comptable, le paiement est précédé d'une ultime vérification de caisse. Le règlement matériel est soumis à des modalités particulières qui perdent de leur intérêt pour les juristes au fur et à mesure que l'informatique remplace la plume sergent-major. Le virement à un compte bancaire ou postal est le plus couramment utilisé.

Le paiement constitue le procédé normal d'extinction de la dette de l'Etat. Toutefois si le créancier ne s'est pas présenté dans un délai déterminé pour faire valoir ses droits, ces derniers disparaissent : on leur oppose la déchéance quadriennale.

C) *La déchéance quadriennale.* — Le régime juridique des dettes de l'Etat est une des manifestations les plus accusées du droit budgétaire, car il est exorbitant du droit commun. Il n'y a pas d'exécution forcée contre l'Etat, et ses dettes s'éteignent au bout de quatre ans. Cette extinction rapide des dettes et évidemment destinée à sauvegarder les deniers publics ; elle facilite également l'apurement des comptes de l'Etat. En effet, la déchéance reste une mesure comptable et non une prescription, malgré les assouplissements apportés par une loi du 31 décembre 1968. Le délai est ainsi défini : « Sont prescrites au profit de l'Etat, des départements et des communes, toutes créances qui n'ont pas été payées dans un délai de quatre ans à partir du premier jour de l'année suivant celle au cours de laquelle les droits ont été acquis. » En pratique, le délai varie entre quatre et cinq ans : si une créance naît le 15 janvier 1990, elle sera prescrite le 1er janvier 1995, soit au bout de près de cinq ans. Si la créance naît le 3 décembre 1990, la date d'échéance sera la même, mais le délai ne sera plus que de quatre ans.

2. **L'exécution de la recette publique.** — Les recettes sont en principe soumises aux mêmes règles que les dépenses ; la distinction entre la phase administrative et comptable demeure bien que, quelquefois, elle soit plus atténuée. Les recettes sont diverses, il faut le rappeler : recettes fiscales, revenus du domaine public et privé, revenus des exploitations industrielles et commerciales et produits divers. Chaque recette connaît des modalités de perception différentes, mais nous retiendrons comme modèle la recette la plus typique, à savoir l'impôt direct :

Comme en matière de dépenses, deux phases se succèdent ; une première phase, administrative, fait intervenir l'administration fiscale. La seconde phase est normalement réservée aux comptables du Trésor.

A) *La phase administrative* commence par l'établissement de l'assiette de l'impôt. Le procédé d'assiette consiste à évaluer les éléments de la matière imposable. Dans ce premier temps, l'administration ne dispose d'aucune liberté d'appréciation, elle n'est pas libre d'appliquer ou non des dispositions fiscales.

La liquidation est l'opération par laquelle l'administration fixe ensuite le montant de la dette fiscale du contribuable. Cette opération précède l'émission d'un titre de perception : le rôle nominatif. Ce dernier n'est autre que le relevé des contribuables avec les éléments retenus pour l'assiette de l'impôt et le montant de celui-ci. Le contribuable est averti d'avoir à payer cet impôt par un « avertissement » qui lui est adressé. On entre alors dans la phase comptable.

B) *Le recouvrement de l'impôt* est effectué par les comptables du Trésor. Ces derniers prennent en charge les rôles, c'est-à-dire qu'ils deviennent personnellement responsables des sommes qu'ils ont à percevoir pour les reverser au Trésor public. Bien entendu, le comptable pourra procéder à un recouvrement forcé s'il se trouve en présence d'un contribuable récalcitrant. C'est une garantie qui lui permet de se dégager de sa responsabilité financière. Cette dernière est d'ailleurs atténuée dans le cas où le contribuable disparaît ou est totalement insolvable.

*
* *

En fin de compte, l'exécution du budget pose le problème politique du décalage entre le montant des autorisations accordées et le niveau des opérations effectuées. Il n'est pas indifférent de constater que le déficit éventuel a été creusé sans l'accord du Parlement ou que certains choix qu'il avait cru imposer n'ont pas été suivis d'effet. Aux Etats-Unis, parce que les abus étaient devenus intolérables par un Congrès trop dominé par la Maison-Blanche, le *Budget and Impoundment Act* de 1974 contraint le Président à engager tous les crédits votés, sauf accord du Congrès. En France, le problème est tempéré par l'intervention des procédures que nous avons vues, traditionnellement utilisées en vue de réduire le déficit — ou de donner l'impression qu'il a été réduit, ce qui revient finalement au même.

CHAPITRE V

LE CONTRÔLE DU BUDGET

Dans le vocabulaire juridique courant, le terme de contrôle implique un rapport hiérarchique entre deux autorités ; dans le jargon financier, il évoque plutôt le rapport de conformité entre une règle et un acte : c'est le contre-rôle, au sens étymologique... et maritime du terme.

Il est certain que toute la valeur d'un système budgétaire dépend de ses moyens de contrôle. Or ce dernier relève très largement de la société politique où il s'exerce. Lié à un régime autoritaire, le contrôle est rigoureux et ne laisse aucune faculté d'appréciation aux organes chargés d'exécuter les décisions des autorités centrales. Le contrôle budgétaire n'est alors qu'une fraction du contrôle politique et il est difficile de lui accorder une spécificité quelconque : le budget n'est que la traduction chiffrée de la politique d'un Etat totalitaire. Confronté au régime démocratique, le contrôle budgétaire revêt des formes multiples et variées. Dans un Etat libéral dont les dépenses étaient dérisoires, le contrôle budgétaire intervenait *a posteriori*, et reposait sur la confiance accordée à une administration peu nombreuse et disposant de peu de moyens : à petit budget correspondait un léger contrôle. Dans l'Etat interventionniste et social, le volume des dépenses publiques croît, la multiplication des points d'exécution des recettes et des dépenses entraîne corrélativement le développement du contrôle. Il faut prévenir et sanctionner les errements de l'administration et apprécier si possible l'activité des services publics avant que les fautes ne deviennent irréparables. Le contrôle devient alors *a priori*. Ainsi s'explique le cumul des différents contrôles *a priori* et *a posteriori*, source d'une procédure complexe où le souci de la régularité domine celui de l'efficacité. On en arrive ainsi à oublier que les activités de la puissance publique ont pour but d'assurer à chaque individu sa place dans la société et que la pesanteur des contraintes ne doit pas effacer la liberté personnelle. Le législateur a manifesté malheureusement un esprit inventif, mais souvent peu rationnel, dans le choix des procédures de contrôle des opérations budgétaires ; la multiplicité des formules possibles soulève un certain nombre de problèmes, qu'il convient d'examiner avant d'étudier les compétences des diverses autorités chargées du contrôle budgétaire.

I. — Les formes du contrôle budgétaire

1. Contrôle « a priori » et/ou contrôle « a posteriori ». — Le choix entre ces modalités de contrôle tient compte de la procédure d'exécution du budget. Le contrôle *a priori*, ou contrôle préventif, est organisé avant que soit donné l'ordre définitif de recette ou de dépense. Il repose donc sur une intervention préalable à tout acte engageant les dépenses publiques. Ce type de contrôle est établi généralement pendant les périodes de crise pour prévenir les dépenses inutiles plutôt qu'irrégulières. Le contrôle *a posteriori* intervient une fois la procédure de dépense ou de recette totalement réalisée. On se trouve devant un fait accompli qu'il faut apprécier.

Les avantages et inconvénients de ces modalités de contrôle sont évidemment complémentaires. Le contrôle *a priori* est souvent superficiel, car l'évaluation exacte d'une dépense n'est pas encore effectuée. C'est le projet même de dépense qui est en cause. Ce contrôle peut donc difficilement intervenir pour toutes les dépenses, car il est sélectif et partiel. S'il est effectif et total, il est une source de lenteurs, freine les initiatives et décourage le sens des responsabilités.

En pratique, malgré les lenteurs rencontrées, le contrôle *a priori* permet d'éviter de très nombreuses erreurs volontaires ou involontaires. C'est la raison pour laquelle un grand nombre d'Etats le conservent.

Le bilan du contrôle *a posteriori* n'est guère plus positif. D'abord par rapport au temps : pour être efficace, il doit intervenir tout de suite après l'exécution du budget. Mais, devant l'ampleur et la durée d'exécution des dépenses publiques, il s'avère souvent très tardif, alors qu'il doit agir par le caractère exemplaire des sanctions qui sont infligées aux responsables. Or, précisément, l'appréciation d'une infraction budgétaire est toujours délicate. Si l'autorité chargée du contrôle définit l'infraction par rapport à la légalité, l'appréciation est simple et relativement aisée. En revanche, si elle porte sur la gestion, l'appréciation est beaucoup plus fragile : une dépense publique peut être tout à fait légale et parfaitement inopportune. Le contrôle *a posteriori* prend toute sa valeur si l'autorité de contrôle peut se placer sur le double plan de la légalité et de la bonne gestion des fonds. En l'état actuel de la conception budgétaire française, le contrôle reste avant tout de légalité et sa portée en est restreinte d'autant. En Grande-Bretagne, au contraire, la difficulté semble résolue : le contrôle préventif y est purement formel, mais le contrôle *a posteriori* s'y manifeste avec une très grande efficacité.

2. **Contrôle administratif, politique et juridictionnel.** — Tout système budgétaire juxtapose ces trois formes de contrôle. Le premier dépend des autorités qui sont investies du pouvoir d'exécution : c'est une sorte d'autocontrôle. Mais *le contrôle administratif* résulte aussi de l'intervention de deux autorités distinctes, les ordonnateurs et les comptables, qui interviennent dans la gestion des deniers publics, comme on l'a vu, en se contrôlant réciproquement.

Le contrôle juridictionnel est plus traditionnel. Il fait intervenir une autorité indépendante, chargée de porter des jugements sur le déroulement des actes budgétaires. Il est extérieur aux autorités d'exécution du budget.

Le contrôle politique est théoriquement le plus important. Il s'effectue de manière continue avant, pendant et après l'exécution des opérations budgétaires. Il appartient aux autorités permissives qui ont autorisé les dépenses et les recettes et qui doivent en conséquence vérifier si l'expression de la volonté exprimée par le vote du budget se trouve réalisée. Mais les défauts de ces contrôles ne s'excluent malheureusement pas.

En effet, le contrôle administratif reste encore confidentiel, qui échappe à toute investigation. Le contrôle juridictionnel est lent : il faut attendre la reddition complète des comptes. Le contrôle politique est illusoire : la complexité des opérations budgétaires, leur bonne ou mauvaise exécution lui échappent.

Il en résulte une grande difficulté d'harmonisation de ces contrôles : l'information devrait circuler de l'une à l'autre autorité sans rencontrer de barrières inutiles ; les autorités politiques devraient pouvoir compter sur une information des autorités juridictionnelles ; le contrôle administratif devrait préserver l'indépendance de l'administration sans pour autant rendre ses actions occultes ; les autorités juridictionnelles devraient s'efforcer de juger mais surtout de dégager des remèdes et des solutions.

Ces deux classifications principales n'excluent pas celles qui reposent sur l'analyse des organes de contrôle et des procédés de contrôle, de la légalité et de la qualité de la gestion, du contrôle interne et du contrôle externe, du contrôle sur les ordonnateurs et du contrôle sur les comptables. En réalité, ces différents contrôles n'ont de valeur que ramenés à un contexte politico-administratif précis.

II. — La relativité du contrôle budgétaire

Appliqué à un pays déterminé, le contrôle budgétaire est le reflet de certains paramètres essentiels : la structure de l'administration, le développement technique, la nature des institutions politiques.

Actuellement, la France est dotée d'une administration centralisée et déconcentrée, décentralisée à contrecœur malgré le discours politique. L'exécution budgétaire dépend d'un centre de décision dont relèvent obligatoirement les organes extérieurs. Le contrôle principal intervient sur les organes centraux responsables.

Ainsi, une administration centralisée, dotée d'un contrôle fort, ralentit l'exécution budgétaire, en présentant, certes, des garanties sur le plan de la légalité, mais en négligeant la qualité de la gestion. Une administration plus décentralisée permettrait d'accélérer l'exécution du budget, d'augmenter les responsabilités des agents d'exécution mais exigerait en contrepartie un contrôle *a posteriori* rapide et assorti de sanctions effectives.

Le modèle français évolue lentement vers la décentralisation. Il est plus près de la déconcentration qui éloigne l'exécution du centre de décision sans pour autant faciliter le contrôle sur des autorités qui, en définitive, dépendent d'organes centraux. L'autonomie financière reste encore très largement mythique.

Bref, l'organisation administrative, la nomenclature budgétaire et les règlements de la comptabilité publique reposent sur une économie de moyens. Les agents d'exécution du budget sont plus soucieux, au regard du contrôle, d'avoir géré sans contrevenir aux textes plutôt que de chercher à atteindre un objectif ou d'accomplir une mission. La structure budgétaire correspond à celle d'une administration d'un Etat libéral, dont la fonction principale est devenue interventionniste. Les techno-structures tentent de s'adapter à ces nouvelles données pour permettre à la fin de primer les moyens. Si elles y parvenaient, le contrôle permettrait d'analyser et de vérifier si les missions confiées à l'administration ont été réalisées. Mais un contrôle de légalité desséché peut-il laisser la place à un contrôle de qualité rénové ?

On fait valoir que l'utilité des dépenses publiques est difficile à apprécier. En fait, cette prise de position ne sert qu'à camoufler un certain laisser-aller administratif. Certains auteurs ont proposé des critères de choix des dépenses publiques en recourant à l'utilité marginale des crédits ; ainsi, Gabriel Pallez, qui écrit : « L'utilité sociale marginale de la dépense ne doit pas être inférieure à la désutilité sociale marginale du prélèvement fiscal qui la finance. L'utilité sociale marginale doit

être équivalente pour toutes les dépenses publiques. »
En fait, il n'est pas certain que ce critère soit le seul à retenir pour apprécier l'efficacité des dépenses publiques, mais il reste cependant vrai que les activités de l'Etat qui, par définition, ne relèvent pas de l'économie marchande sont souvent difficiles à qualifier.

Le second élément de la relativité du contrôle réside dans l'utilisation de nouveaux moyens techniques. La mécanisation du budget reconstitue une unité qui lui faisait défaut et supprime pratiquement tout contrôle de la légalité. En effet, le contrôle de l'imputation des dépenses, traditionnellement long, fastidieux et sans intérêt, peut être entièrement abandonné à la machine. Il faut et il suffit que les informations fournies à l'ordinateur soient correctes pour que l'exécution le soit également. Si un volume de crédits est affecté à un chapitre budgétaire, toute imputation incorrecte est automatiquement rejetée. Débarrassées de ce contrôle mécanique — la légalité n'est-elle pas la simple mise en rapport de deux éléments connus ? —, les autorités de contrôle peuvent reporter leurs efforts sur l'analyse plus spécifiquement qualitative de l'utilisation des crédits. L'efficacité d'une mission, la réalisation d'un objectif deviennent ainsi les nouvelles valeurs du contrôle budgétaire.

Paradoxalement, les Etats industrialisés connaissent les plus grosses difficultés à intégrer les nouvelles formes de contrôle, les résistances des structures traditionnelles étant redoutables à vaincre.

En revanche, certains Etats nouveaux (la Côte-d'Ivoire par exemple), faute de pesanteurs sociologiques liées à une tradition bureaucratique séculaire, passent directement à une exécution budgétaire hautement mécanisée. Ceci provient, en grande partie, de l'environnement politique.

Le cadre politique est lui aussi déterminant pour le contrôle. Le Parlement a été longtemps le réceptacle budgétaire idéal. Un volume de crédits réduits, présenté selon un mécanisme rigide et à peu près rationnel, était accessible aux parlementaires qui avaient à en juger. La présentation du budget, compte tenu des règles constitutionnelles, du volume et du caractère technique des dépenses, ne peut plus aujourd'hui faire l'objet d'un véritable contrôle de la part des Assemblées. Le contrôle « au cent-millième », obtenu avec l'accord du Gouvernement, ne peut pas être considéré comme sérieux.

Plus grave, le développement des techniques de l'informatique dans un cadre désuet ne fait qu'accroître le halo magique autour du budget et balaye les survivances du contrôle. En effet, le contrôle politique ne peut être maintenu qu'à trois conditions : la première exige une classification de la présentation budgétaire. La présentation fonctionnelle du budget doit normalement satisfaire cette exigence en rendant le budget accessible aux parlementaires. La seconde consiste à ne plus considérer le contrôle budgétaire comme un contrôle en soi. Il doit être effectué relativement, comme un élément d'une politique globale et être jugé comme tel. La troisième condition réside pour les parlementaires dans la transmission des informations budgétaires. Coupé de l'appui de l'opinion publique, le contrôle politique reste fictif. Cette importance de la diffusion de l'information budgétaire a été bien comprise par le gouvernement qui tient l'opinion aussi bien informée que le Parlement. En revanche, ce dernier n'a pas encore su trouver l'appui des gouvernés pour donner au contrôle politique sa nouvelle signification.

En somme, le contrôle budgétaire, quand on l'analyse plus spécialement en France, laisse apparaître deux éléments, sources de dysfonctions.

Le premier résulte de l'hétérogénéité des autorités de contrôle : administratives, politiques, juridictionnelles. Qu'il s'agisse des méthodes de travail ou des décisions prises, le contrôle souffre d'un manque d'homogénéité. La juxtaposition d'un contrôle endogène (assuré par les propres autorités

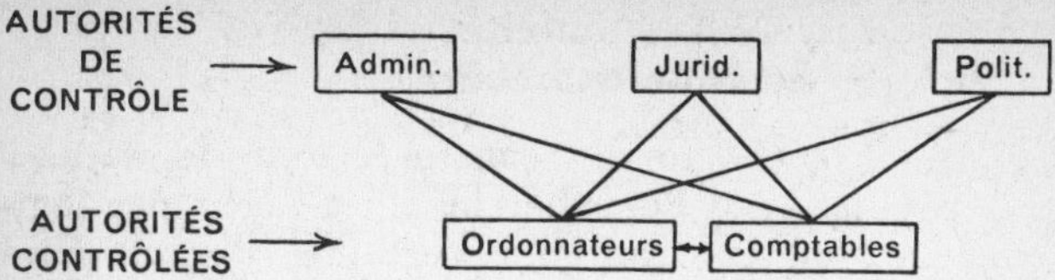

Fig. 9. — L'hétérogénéité des autorités, source de contrôle budgétaire dysfonctionnel

d'exécution) et d'un contrôle exogène (totalement extérieur aux responsables de l'exécution) en est la preuve la plus manifeste.

Ainsi, cette complexité est loin d'améliorer le contrôle budgétaire; mieux : les conditions sont réunies pour l'entraver.

Le deuxième élément a sa source dans l'opération d'exécution budgétaire. Cette dernière se conçoit comme une opération unique, continue. Or, elle est décomposée en différentes phases, relève d'autorités distinctes et, de ce fait, est parfaitement discontinue.

La première réforme consiste à établir une autorité de contrôle homogène, c'est-à-dire indépendante à la fois des autorités qui permettent la dépense et des autorités qui l'exécutent. Cette autorité de contrôle doit assurer un contrôle permanent de la bonne utilisation des crédits et de sa conformité avec les objectifs fixés. Une sorte de rétroaction *(feed-back)* permanente doit s'établir, soit pour infléchir l'action de ceux qui exécutent, soit pour obtenir la modification des objectifs assignés par les autorités permissives. Cette homogénéité du contrôle ne peut être efficace, s'il n'y a pas unité d'exécution. Que cette dernière soit effectuée par des autorités centralisées ou décentralisées n'est, en définitive, que secondaire. Ce qui est essentiel c'est que l'autorité chargée de l'opération d'exécution soit unique, autonome et responsable.

III. — Les autorités de contrôle budgétaire

Ces autorités, on l'a constaté, sont de natures très diverses : si l'on cherche à les regrouper logiquement, on constate que certaines d'entre elles sont placées sous l'autorité du ministre des Finances ; elles assument alors une sorte de contrôle intrafonctionnel greffé sur les autorités d'exécution ou, si l'on préfère, d'*endocontrôle*. D'autres sont extérieures aux organes d'exécution, c'est leur « distance » par rapport à l'exécution du budget qui est considérée comme la garantie de leur efficience ; il s'agit, dans ce cas, d'un contrôle interfonctionnel ou, si l'on préfère, d'autorités d'*exocontrôle*.

1. **Les autorités d'endocontrôle.** — Ces autorités ont en commun un caractère essentiel, celui de dépendre hiérarchiquement d'une personne : le ministre du Budget. D'autre part, leur participation à l'opération d'exécution du budget est certaine, bien que plus ou moins étroite.

Le lien hiérarchique entraîne certaines conséquences sur les modalités du contrôle. Autorités étroitement associées au processus d'exécution, elles se soucient avant tout de prévenir les irrégularités. Leur appréciation se situe surtout sur le plan de la légalité, qui rend plus difficile l'application de sanctions.

A) *Les contrôleurs financiers.* — Le contrôle des engagements de dépenses tient une place particulière dans l'appareil de contrôle des finances publiques. Il est un des rares exemples en France où l'expérience pratique l'a emporté sur les considérations juridiques, ce qui explique que leur naissance est entourée d'ambiguïté. A la fin du siècle dernier, les finances françaises venaient de traverser une période d'exactions et d'abus ; pour y remédier, le Parlement créa un corps de fonctionnaires chargés de les éviter : les contrôleurs des dépenses engagées. Provenant des cadres de l'administration des finances, de la Cour des Comptes ou de l'Inspection des Finances, « les contrôleurs des dépenses engagées » dépendaient à l'origine des ministres qu'ils devaient surveiller. D'où, évidemment, un contrôle quelquefois fantaisiste. Leur nomination ne dépend plus actuellement que du seul ministre du Budget et leur statut leur confère indépendance et autorité. Dénommés aujourd'hui contrôleurs financiers, ils jouent auprès de chaque ministre dépensier le rôle de contrôleur et de conseiller.

Comme contrôleurs, ils sont chargés de vérifier les propositions d'engagement de crédits proposées par les ministres. Ils sont donc placés auprès des ordonnateurs principaux, à la source de toute dépense. Leur pouvoir se matérialise sous forme de visa ; visa accordé : c'est le feu vert pour la dépense Visa refusé : c'est le feu rouge, la dépense ne peut être entreprise, sauf pour le ministre dépensier à en référer directement au ministre des Finances. Visa assorti de réserves : feu orange ; la dépense peut être entreprise à condition de compléter les pièces du dossier. Cette procédure du visa entraîne un rigoureux contrôle *a priori* de la dépense et il est certain qu'elle permet d'éviter de nombreuses irrégularités. Le contrôleur joue aussi un rôle de conseiller auprès du ministre dépensier et d'informateur auprès du ministre du Budget. Comme les actes des ministres qui ne comportent pas de clauses financières sont devenus rarissimes, toute la politique d'un ministre passe par le contrôleur financier. Ce dernier peut alors difficilement rester sur le strict plan de la légalité. Il est amené à s'expliquer, et de ce dialogue entre le contrôleur et le contrôlé naît souvent ce que Pierre Lalumière qualifie une « cogestion » du ministère. Si le ministre est encore le maître de l'opportunité de la dépense, le contrôleur financier est juge de l'efficacité de la dépense. Or, ce souci d'efficacité est à la base d'une rationalisation des choix budgétaires.

Actuellement, dans le cadre de la déconcentration budgétaire, les actes susceptibles d'engager financièrement l'Etat, pris au nom des ministres par les responsables de leurs services extérieurs, sont soumis à un contrôle financier s'exerçant à l'échelon départemental. Cette mission est confiée aux trésoriers-payeurs généraux qui sont promus ainsi au rang de contrôleurs financiers départementaux ou régionaux. Les ministres peuvent déléguer des crédits importants (et de plus en plus considérables) aux ordonnateurs secondaires (préfets et chefs de service). Le nouveau système de contrôle déconcentré est différent du contrôle central. Le trésorier-payeur général, contrôleur financier local des dépenses engagées, ne peut s'opposer à l'exécution de la dépense que dans les cas de non-disponibilité des crédits. Dans tous les autres cas, l'ordonnateur secondaire pourra effectuer la dépense, même si l'avis émis par le contrôleur financier local est défavorable. Il s'agit là d'une nouveauté assez remarquable. L'ordonnateur secondaire, avant d'engager financièrement l'Etat, doit demander *l'avis* du contrôleur local. Cet avis doit être formulé dans les quinze jours ; il peut être simple ou accompagné d'observations sur les répercussions de l'engagement de crédits. Dans cette hypothèse, tout est en ordre. De même, si l'avis n'est pas formulé dans les délais prévus, l'ordonnateur peut passer outre. Si l'avis est défavorable, il doit être motivé. L'ordonnateur peut passer outre, le contrôleur central est simplement averti. Ces nouvelles dispositions font nettement apparaître une nouvelle orientation du contrôle. Pour un contrôle *a priori*, les délais sont réduits. Il n'y a plus de blocage automatique en cas de refus. La responsabilité de l'ordonnateur est bien sûr plus grande. L'équilibre du nouveau système repose tout entier sur la confrontation des motivations respectives de l'avis défavorable du contrôleur local et de la décision de l'ordonnateur de passer outre. Nous avons là un début de collaboration qui est souligné encore par le rôle de conseillers financiers des contrôleurs locaux. Ils ne doivent plus être seulement les garants des erreurs et infractions, mais aussi formuler toutes les observations susceptibles d'améliorer l'utilisation des crédits budgétaires.

B) *Les comptables publics.* — Le corps des comptables publics, distinct de celui des ordonnateurs pour exécuter les opérations budgétaires, permet ainsi aux premiers de contrôler les seconds. Créés à l'origine pour tenir la caisse des deniers publics, la loi leur a conféré le pouvoir de vérifier les pièces justificatives de la dépense. Bien entendu, ce contrôle est purement formel et ne remet pas en cause les motifs de la dépense.

Par ailleurs, en vertu du principe hiérarchique, le trésorier-payeur général contrôle, au sein du département, les comptables.

C) *L'Inspection des Finances.* — Née de la fusion de l'Inspection du Trésor et de l'Inspection des régies fiscales, l'Inspection des Finances est mise à la disposition du ministre des Finances pour l'informer sur le fonctionnement du ministère. Ce corps, composé d'environ 300 hauts fonctionnaires provenant en majeure partie de l'Ecole nationale d'administration, exerce un contrôle financier sur l'ensemble du secteur public. Cette vocation au contrôle s'est développée sous le Second Empire, et n'a cessé de croître depuis, bien que les effectifs n'aient pas crû dans la même proportion. Le contrôle de l'inspection s'exerce sur les comptables publics et sur les ordonnateurs secondaires. Ce contrôle est général, sauf pour les administrations qui ont leur propre corps de contrôle.

Le contrôle exercé par les inspecteurs des Finances est assez particulier. Ils sont envoyés en tournées et vont contrôler les comptables et leurs comptes sur place. Quand l'inspecteur des Finances arrive chez le comptable, il fait arrêter la situation de caisse et vérifie si l'encaisse correspond aux écritures. Il dispose d'un pouvoir d'investigation et de communication sans limite. Tout contrôle est suivi d'un rapport direct au ministre, rapport contradictoire où le chef de service du comptable consigne ses remarques. En principe, l'inspecteur des Finances n'est pas habilité à prendre des sanctions, sauf si la faute est particulièrement grave ; auquel cas le comptable est immédiatement suspendu.

Ce procédé de vérification est fort intéressant, car l'inspecteur des Finances vérifie la légalité de la dépense mais formule également des remarques sur le fonctionnement du service lui-même. Il est certain que cette forme de contrôle soudaine et inopinée est à la fois très simple et très efficace. La peur du contrôle peut être un facteur de bonne gestion. Il y a cependant un inconvénient. Le nombre trop restreint d'inspecteurs des Finances en service actif est dérisoire au regard des contrôles à effectuer. On a pu calculer que le contrôle des comptables principaux s'effectuait en moyenne tous les sept ou huit ans et les contrôles des comptables des bureaux de poste tous les deux cent cinquante ans !

2. **L'exocontrôle.** — La caractéristique essentielle de ce contrôle est d'être totalement extérieur au processus d'exécution du budget. Les autorités d'exocontrôle sont indépendantes du ministre des Finances, principal responsable des opérations d'exécution budgétaire, et étrangères à l'exécution du budget. La nature des autorités d'exocontrôle varie selon que l'on se trouve en présence d'une autorité juridictionnelle ou d'une autorité politique.

Dans le premier cas, l'autorité juridictionnelle agit pour sanctionner ce qui n'est pas conforme aux dispositions législatives et réglementaires existantes. L'autorité juridictionnelle *constate*. Sa motivation réside dans l'appréciation objective d'une opération budgétaire. La motivation de l'autorité politique est différente : elle est à la source de l'opération budgétaire, puisque c'est elle qui l'a permise. Ne pouvant l'exécuter elle-même, elle doit vérifier si les autorités chargées d'exécuter le budget ont respecté cette autorisation. Informée du déroulement des opérations budgétaires, l'autorité politique de contrôle doit *réformer* les imperfections constatées. On peut ainsi distinguer *deux autorités de contrôle complémentaires : l'une de constatation, l'autre de réformation.* On perçoit ainsi l'étroite collaboration qui s'impose entre toutes les autorités d'exocontrôle. En l'absence d'une prise en charge par les autorités politiques, les jugements de l'autorité juridictionnelle seront sans effet, l'administration pouvant persévérer dans ses errements. En l'absence d'information par l'autorité de contrôle juridictionnel, l'autorité politique ne peut pratiquement pas agir.

L'empirisme britannique a parfaitement assimilé cette nécessité. La vérification générale des comptes publics est effectuée par le « contrôleur et auditeur général » — autorité indépendante — en étroite collaboration avec les deux Commissions spécialisées de la Chambre des Communes, chargées de contrôler l'exécution du budget, à savoir la Commission des comptes publics et l'*Estimates Committee*. La première est élue chaque année par la Chambre des Communes ; la présidence en est confiée à un membre de l'opposition ; elle exerce un contrôle sur la qualité de la gestion à partir de rapports effectués par le « contrôleur et auditeur général ». A partir de ces documents, la Commission enquête et, surtout, convoque les « témoins » pour apprécier la gestion des deniers publics. Puis, elle établit son rapport qui, s'il n'est pas toujours lu par les députés, est quand même considéré par la Trésorerie comme ayant force de loi. Quant à l'*Estimates Committee* — ou Commission des prévisions budgétaires —, elle procède par voie d'enquêtes pour déceler également les irrégularités dans la gestion budgétaire. Ces deux organismes, loin de se concurrencer — de se « télescoper » —, organisent entre eux une étroite collaboration pour renforcer le contrôle du Parlement sur l'exécution du budget.

Ainsi, le contrôle budgétaire devient une véritable affaire entre le Gouvernement et l'Administration, d'une part, et le Parlement, d'autre part. Non partisan, il n'en est que plus efficace.

En France, la situation est différente. Face à une énorme machine administrative qui exécute le budget et qui dispose de ses propres organes d'endocontrôle, se dressent des autorités indépendantes, qui surveillent d'un œil inquisiteur mais avec une efficacité relative le comportement de la mécanique financière.

A) *Les autorités juridictionnelles.* — Il s'agit de la Cour des Comptes et de la Cour de discipline budgétaire.

a) *La Cour des Comptes.* — Vénérable, puisque bientôt bicentenaire, la Cour des Comptes a été créée par une loi du 16 septembre 1807. Il s'agit d'un tribunal unique de deux cents magistrats environ, ainsi répartis : un premier président, librement choisi par le Gouvernement, soixante-dix conseillers maîtres, une centaine de conseillers référendaires et environ cinquante auditeurs provenant pour l'essentiel de l'Ecole nationale d'administration. Cette juridiction comprend des magistrats du siège et des magistrats du parquet. La Cour est divisée en sept chambres, composées d'un président et de conseillers maîtres, entre lesquelles le premier président répartit les affaires. Le parquet comprend un procureur général et des avocats généraux chargés de tenir le ministère public.

La fonction de la Cour des Comptes est triple :

— juger les comptes des comptables publics ;
— vérifier l'action des ordonnateurs ;
— informer le gouvernement, les parlementaires et l'opinion publique sur l'exécution du budget.

La Cour a compétence pour *juger tous les comptes des comptables publics*. Ce souci de « dépersonnaliser » la gestion a pour conséquence de rendre passibles de la Cour tous ceux qui ont légalement le droit de manipuler les deniers publics, mais aussi toute personne qui, occasionnellement, aurait pu être responsable d'une caisse publique. En fait, si la Cour ne juge que les comptes, elle est amenée indirectement à apprécier la conduite du comptable. L'adage selon lequel « la Cour juge les comptes et non les comptables » n'a de valeur que pour préserver l'objectivité de ses décisions.

La Cour des Comptes est saisie de plein droit de l'examen de tous les comptes. Ces derniers sont alors répartis entre les sept chambres de la Cour par le premier président. Des rapporteurs sont nommés pour chaque compte, mais il est bien entendu impossible à la Cour de les « éplucher » tous ; elle procède donc par sondage et, avec un peu de « flair », essaie de détecter les comptes irréguliers. Le comptable dont le compte est irrégulier doit être entendu. Le rapporteur présente alors ses conclusions aux conseillers-maîtres qui proposent un arrêt provisoire sur le compte. Le comptable auquel cet arrêt est communiqué a deux mois pour fournir ses observations. La Cour rend alors son arrêt définitif qui est communiqué à l'intéressé et au ministre du Budget. Cette notification peut être un arrêt de quitus : le comptable est quitte, il est déchargé de sa responsabilité. L'arrêt de débet est pris par la Cour si la comptabilité du comptable est irrégulière et déficitaire. Ce dernier doit alors combler le déficit, réparer l'erreur ; il a toutefois la possibilité d'un recours en révision, si par exemple il retrouve des éléments explicatifs qui lui faisaient auparavant défaut ; il peut également introduire un recours en cassation devant le Conseil d'Etat, la Cour des Comptes étant un tribunal administratif.

Le contrôle de la gestion financière des administrateurs n'avait pas été prévu par la loi de 1807. Ce n'est qu'à partir de 1936 que fut organisé le contrôle sur les ordonnateurs. Cette tendance, qui s'est développée depuis une trentaine d'années, a été renforcée par la loi du 22 juin 1967 qui confirme que la Cour « s'assure du bon emploi des crédits, fonds et valeurs gérés par les services de l'Etat ». Ce contrôle est donc très vaste : la Cour fait aussi bien des observations sur le mauvais fonctionnement que des suggestions pour l'amélioration d'un service public. Ce contrôle revêt la forme de communications de la Cour aux ministres et aux autorités administratives compétentes. Ces communications revêtent deux formes : *le référé* est une lettre du premier président au ministre pour l'informer d'une faute de gestion grave, ou pour mettre en évidence des insuffisances dans l'organisation administrative et comptable. Le ministre est tenu de répondre dans un délai de trois mois. *La note du parquet* est une lettre adressée par le procureur général aux directeurs et aux préfets. Elle est destinée à rappeler les services administratifs au respect des lois et règlements et peut contenir aussi des suggestions modérées de réforme. Cette action de la Cour des Comptes est devenue un des éléments modernes du contrôle budgétaire, car elle permet d'éviter des erreurs et de proposer les moyens les plus adéquats pour y remédier. C'est ce que nous retrouvons mais à un niveau plus global avec le rôle d'information de la Cour.

La Cour des Comptes, grâce à ses rapports, *dispose d'un moyen efficace pour attirer l'attention du Gouvernement, des parlementaires et de l'opinion publique sur l'exécution du budget*. Il faut rappeler ici que la Constitution de 1958 prévoit que « la Cour des Comptes assiste le Parlement et le Gouvernement dans le contrôle de l'exécution de la loi des Finances ». Cette « assistance » peut être requise en permanence par le Gouvernement ou les parlementaires intéressés mais se manifeste plus solennellement sous la forme de trois rapports

Le premier est une déclaration générale de conformité entre le compte général de l'administration des Finances et les comptes présentés pour la même année par les comptables du Trésor. C'est un rapport très technique qui ne connaît qu'une audience restreinte.

Le second est le rapport en vue du règlement définitif du budget. Il met en évidence le décalage entre le budget initial et celui qui a fait l'objet d'une exécution réelle.

Enfin, le plus fameux est le rapport public au Président de la République, également transmis solennellement à l'Assemblée nationale et au Sénat. La Cour choisit des cas exemplaires pour attirer l'attention sur la mauvaise gestion budgétaire et/ou le mauvais fonctionnement du service. Ces observations connaissent actuellement une très large diffusion par les moyens audio-visuels. Et c'est ainsi que l'on glisse insensiblement vers le contrôle par l'opinion publique. Ce dernier, on le sait, constitue une pièce maîtresse du contrôle général de la politique du Gouvernement par l'opinion publique. Le phénomène est encore plus important dans un système de parti dominant, où le contrôle parlementaire est le plus souvent inefficace.

La Cour bénéficie indiscutablement d'une grande indépendance. La qualité de son travail est indéniable. Et pourtant, malgré les pouvoirs considérables dont elle dispose, l'efficacité de son action est limitée, essentiellement, par les pouvoirs publics qui tiennent rarement compte de ses critiques et suggestions. De nombreux projets et propositions de loi tendent très traditionnellement et sans dépasser ce stade à combler cette lacune.

b) *La Cour de discipline budgétaire et financière.* — Alors que les comptables sont responsables devant la Cour des Comptes, les ordonnateurs ont longtemps bénéficié d'une certaine impunité. Pour y remédier, le législateur a créé, en 1948, la Cour de discipline budgétaire, devenue en 1963 Cour de discipline budgétaire et financière. Elle est composée de deux membres de la Cour des Comptes et de trois membres du Conseil d'Etat, et présidée par le premier président de la Cour des Comptes. Le ministère public est assuré par le Parquet de la Cour des Comptes.

La Cour est saisie par les diverses autorités chargées du contrôle de l'exécution du budget ; les infractions punissables sont de trois ordres :

— les irrégularités commises au regard des règles particulières relatives à l'engagement des dépenses de l'Etat ;
— les infractions à l'ensemble des règles d'exécution et de gestion des recettes et des dépenses ;
— les infractions à la morale administrative commises en matière de marchés publics si le contractant obtient :

« un avantage injustifié, pécuniaire ou en nature, ayant entraîné un préjudice pour le Trésor, la collectivité ou l'organisme intéressé ».

Sont justiciables de la Cour toutes les personnes relevant déjà de la Cour des Comptes : l'ensemble des ordonnateurs à l'exclusion des ministres et des maires et élus de groupements ou collectivités territoriales. Les sanctions prononcées sont des amendes dont le maximum peut atteindre deux fois le montant du traitement brut annuel de l'agent poursuivi. La Cour peut décider la publication de ses arrêts au *Journal officiel*.

Jusqu'à présent, cette juridiction n'a pas obtenu tous les résultats que l'on était en droit d'en espérer ; les amendes qu'elle inflige — quand elle en inflige — sont souvent sans rapport avec les infractions commises.

Ainsi, le directeur d'une caisse de mutualité agricole, qui avait unilatéralement fixé le montant de son traitement à un niveau très largement supérieur à celui auquel il pouvait prétendre, et ceci pendant trois ans, s'est vu condamner à une amende de 2 500 F (1).

Régulièrement — en avril 1990 encore —, il est question de renforcer ses attributions et d'accélérer son fonctionnement.

B) *Les autorités politiques.* — La question essentielle qui se pose à leur propos peut se formuler simplement : y a-t-il encore compatibilité entre le régime représentatif et les techniques modernes de gestion budgétaire ?

On a vu que l'autorisation budgétaire, point de départ de l'exécution du budget, sans être devenue une « farce », est tout à fait factice. En 1970, les parlementaires ont lu 8 700 pages de rapports, ont

(1) Arrêt du 15 janvier 1974, *J.O.*, Lois et décrets, 8 janvier 1977, p. 219 et s.

discuté 314 heures et 26 minutes mais, comme le soulignait Philippe Rivain, rapporteur général de la Commission des Finances de l'Assemblée nationale, « le contenu, les modalités et la portée du contrôle parlementaire en face des nouvelles méthodes de rationalisation des choix budgétaires n'ont pas toujours été précisés... Sauf à mettre en cause le rôle du législateur, le Parlement doit être en mesure d'apprécier les conclusions présentées et de choisir une alternative à la solution retenue. La participation des parlementaires doit être la règle, afin que le Parlement ne soit pas placé devant des conclusions intangibles qu'il n'aurait plus qu'à accepter en bloc, sans posséder les éléments nécessaires pour discuter sérieusement les orientations proposées ».

Cette dégradation de l'autorisation, qui fait chaque année ou presque l'objet d'une litanie devenue rituelle, s'accompagne d'une insuffisance du contrôle en cours de gestion.

En effet, les Commissions parlementaires, par le truchement de leur président, peuvent toujours réclamer un rapport sur le budget dont elles ont la surveillance, et avoir communication des rapports annuels des contrôleurs financiers des ministères. Les rapporteurs des Commissions des Finances disposent de pouvoirs reconnus par les textes financiers. Ainsi à tout moment peuvent-ils s'informer sur l'exécution du budget : ce sont « des commissaires du Parlement auprès de l'administration ». Les Commissions peuvent procéder également à toutes les auditions qu'elles jugent utiles. Si leur action est bien coordonnée, la conclusion logique devrait se traduire par une réduction indicative des crédits du ministère mal géré, quand le nouveau budget vient en discussion. Les Commissions disposent ainsi plus que d'un simple pouvoir d'information. Les parlementaires ont également la possibilité de nommer des Commissions d'enquête et des Commissions de contrôle. Ils ne le font qu'en cas de scandale particulièrement flagrant et les administrations ou services concernés redoutent toujours cet étalage public. Mais cette procédure est rarement utilisée et d'une efficacité très relative.

Le rapporteur de la Commission des Finances conclut sur une note amère : « En fait ce contrôle permanent est difficile en raison des obligations nombreuses qui sont celles d'un parlementaire. Les administrations n'y sont plus accoutumées au point qu'un rapporteur ayant posé quelques questions au ministère dont il est chargé n'a jamais obtenu de réponse. Sans doute l'administration continue-t-elle à traiter avec déférence le rapporteur de son budget, mais elle évite autant que faire se peut d'aller plus avant dans son souci d'informer le Parlement. » Négligence des parlementaires, inertie des administrations, ce contrôle direct est un échec.

Pourtant, depuis 1976, l'assistance de la Cour des Comptes a été renforcée : ses investigations peuvent aussi porter sur les entreprises publiques et les demandes d'enquêtes qui lui sont adressées par les Commissions parlementaires sont plus nombreuses qu'auparavant mais ne dépassent jamais la demi-douzaine annuelle.

Mais les présidents des Assemblées n'ont pas davantage saisi la Cour de discipline budgétaire pour les infractions dont ils ont été informés. Ce ne sont donc pas les moyens qui manquent, mais la volonté de les mettre en œuvre.

Enfin, stade suprême, le vote de la loi de règlement est l'instant où le Parlement vient vérifier si ce qu'il a voté a été respecté. Aidé par la Cour des Comptes qui l'éclaire de son rapport, et par le Conseil constitutionnel qui est, depuis peu, assez régulièrement saisi à cette occasion, il pourrait profiter de cet ultime contrôle peut-être moins pour sanctionner que pour tirer les leçons qui s'imposent. Or, on constate que la relation des interventions des parlementaires pour les lois de règlement a rarement excédé quelques pages du *Journal officiel* !

On comprend aisément pourquoi ; pendant longtemps, le projet de loi de règlement n'a été déposé et discuté que longtemps après la clôture des comptes concernés ; le gouvernement qui le défendait n'était pas celui qui avait exécuté le budget soumis à l'examen du Parlement (avantage peu connu de l'instabilité ministérielle !).

Aujourd'hui, cette relative inertie n'apparaît plus. Le Parlement a été saisi, le 20 décembre 1989, du règlement du budget de 1988. Mais ce progrès, dû en grande partie à la gestion informatique des crédits, ne change rien au problème. Alors même que l'exécution des autorisations financières aurait été en partie illégale et en général inopportune, le Parlement ne peut que prendre acte et couvrir *a posteriori* les opérations concernées ; car les mandatements ont été effectués, les crédits ont été utilisés — parfois même au-delà des autorisations — et l'on n'imagine pas qu'il soit possible de faire « machine arrière ».

La seule fonction de la loi de règlement est alors de faire apparaître les dysfonctions administratives et les insuffisances du cadre juridique de l'exécution des décisions financières à l'occasion d'un débat dont il faut bien reconnaître qu'il ne passionne guère que certains membres de la classe politique, particulièrement vétilleux et hostiles au gouvernement concerné.

Le budget n'est donc plus la chose du Parlement. Elaboré par les techniciens, il est jugé par l'opinion publique. Le Parlement, écartelé entre ces deux pôles, doit changer d'état d'esprit et de comportement, et procéder à une mutation complète s'il entend conserver sa place dans la gestion des finances publiques. On ne s'étonnera plus de la déclaration du rapporteur général de la Commission des Finances de l'Assemblée nationale devant l'impuissance du Parlement : « S'agissant des deniers du contribuable, c'est par une conférence de presse que je saisirai directement l'opinion en montrant les abus et les carences du Gouvernement et de ses ministres. » En effet, le Parlement n'est plus qu'un relais entre le

Gouvernement et les citoyens. Il n'est plus cette institution privilégiée où les parlementaires représentaient certaines catégories de la population dont ils géraient les deniers. Les citoyens ne s'en remettent plus aux parlementaires pour défendre les contributions qu'ils apportent à l'Etat : d'autres moyens sont plus efficaces. Le budget est devenu une affaire entre les citoyens et le Gouvernement, et le Parlement doit accepter sa nouvelle fonction qui consiste surtout à éclairer l'opinion sur les choix des gouvernants.

BIBLIOGRAPHIE

AMSELEK (P.), *Le budget de l'Etat sous la Ve République*, Paris, Librairie générale de Droit et de Jurisprudence, 1967.

BASLÉ (M.), *Le budget de l'Etat*, Paris, Editions La Découverte (coll. « Repères », 33), 1985.

COOMBES (D.), éd., *The Power of the Purse. The role of European Parliaments in budgetary decisions*, London, Allen & Unwin, 1976.

DUVERGER (M.), *Finances publiques*, Paris, Presses Universitaires de France (coll. « Thémis »), 11e éd., 1989.

FABRE (F.-J.), *Le contrôle des finances publiques*, Paris, Presses Universitaires de France (coll. « SUP »), 1968.

GAUDEMET (P.-M.) et MOLINIER (J.), *Finances publiques*, t. 1 : *Politique financière. Budget et Trésor*, Paris, Montchrestien, 5e éd., 1989.

GENIÈRE (R. de La), *Le Budget*, Paris, Presses de la Fondation nationale des Sciences politiques, 1976.

LALUMIÈRE (P.), *Les finances publiques*, Paris, A. Colin (coll. « U »), 7e éd., 1983.

LORD (G.), *The French Budgetary Process*, Berkeley, University of California Press, 1973.

MARTINEZ (J.-C.) et DI MALTA (P.), *Droit budgétaire*, Paris, Librairies Techniques, 2e éd., 1988.

PAUL (M.), *Les finances de l'Etat. Budget. Comptabilité*, Paris, Economica, 1981.

PAYSANT (A.), *Finances publiques*, Paris, Masson, 2e éd., 1988.

PHILIP (L.), *Finances publiques. Problèmes généraux et droit budgétaire et financier*, Paris, Editions Cujas, 2e éd., 1983.

RIVOLI (J.), *Le budget de l'Etat*, Paris, Editions du Seuil (coll. « Points »), no 62, 1975.

TOULOUSE (J.-B.), de LEUSSE (J.-F.), ROLLAND (Y.) et DILLOT (X.), *Finances publiques et politiques publiques*. Préface de R. BARRE, Paris, 1988.

TROTABAS (L.) et COTTERET (J.-M.), *Droit budgétaire et comptabilité publique*, Paris, Dalloz, 4e éd., 1990.

TABLE DES MATIÈRES

Imprimé en France
Imprimerie des Presses Universitaires de France
73, avenue Ronsard, 41100 Vendôme
Décembre 1990 — N° 36 672